JN312822

シュタイナー心経

西川隆範 著

風濤社

シュタイナー心経

Essential Steiner

体は人間の一部だ。人間の体は崩壊に対して戦う生命に浸透されていないと、死体になる。生命が人間の第二の部分である。生命オーラの上部は体とほぼ同じ姿をしており、下に行くにしたがって、体と似たところがなくなっていく。体と生命オーラは、左右が逆になっている。また、男の生命は女性的であり、女の生命は男性的だ。健康な人の生命は桃花色をしている。心が人間の第三の部分である。楽しみ・苦しみ・喜び、それらの思いのオーラは輝く雲のように見える。人間の思いは絶えず変わるので、心の色と形も絶えず変わる。人間の第四の部分は魂である。その中心は前脳にあり、青く輝く球が見える。

＊

死ぬと、生命は体から離れる。死の瞬間、過ぎ去った人生が大きな画像のように、死者のまえを通り過ぎる。生命は記憶の担い手であり、その記憶が解き放たれるからだ。

＊

地上への愛着から離れる時期が始まる。心のなかの衝動・願望は、死後も存在しつづける。体の喜びは心に付着しており、欲望を満たすための道具である体がないだけだ。地上に結び付いている欲望がなくなるまで、霊界の期間は続く。物への願望が強ければ、死後の生活において意識が曇る。物への執着をなくしていくにつれて、意識が明るくなっていく。生まれてから死ぬまで、自己の発展の妨げとなるものを作る機会が多々ある。自分本位の満足を手に入れたり、利己的なことを企てたりしたとき、私たちは自分の発展を妨げている。だれかに苦痛を与えても、私たちの進歩の妨げになる。霊界を通過していくとき、進歩の妨げを取り除く刺激を受け取る。

霊界で人間は自分の生涯を三倍の速さで、逆向きに体験していく。ものごとが逆の姿で現われるのが霊界の特徴だ。自分が発している衝動や情熱が目に入るのだが、それらが自分のほうに向かってくるように見える。自分の行為によって他人が感じたものを、霊界で体験する。自分が相手のなかに入って、そのような体験をするのだ。そのように、人生を誕生の時点へと遡っていく。

＊

新しい状態が始まる。苦悩から解放された天国での魂の生活だ。そこでは、地上の鉱物があるところは空《から》になっており、そのまわりに神的な力が生命的な光のように存在している。地上の事物のなかに存在するものが天国の大陸を作っている。地上では生命は数多くの存在に分けられているが、天国における生命は一個の全体として現われる。天国の大洋だ。心のなかに生きるものが、天国の空気を作る。人間が地上で抱く喜びと苦しみが、天国では気候のように現われる。かつて心が体験したことが、いまや大気圏として人間のまわりに存在する。天国のこれらの領域に思考が浸透している。

＊

人間は天国で、みずからの原像を作る。天国に持っていった地上の人生の成果がそのなかに取り込まれる。この原像が凝縮して、物質的な人間になる。人間は新しいものが学べるまでは、地上に下らない。生まれ変わるべき時期が来ると、魂は天国で作った元像に従って心をまとう。そして、神々によって両親へと導かれる。両親が与える体は生まれようとする心と魂におおよそしか適さないので、体と心のあいだに、神々によって生命が入れられる。生命を通して、地上的なものと、天から与えられたものとが適合する。生命を得るとき、これから入っていく人生を予告する画像が現われる。

シュタイナー心経

目次

本扉

横尾龍彦「風神」

本文挿絵

74ページ　横尾龍彦「飛遊1」
101ページ　横尾龍彦「飛遊2」
102ページ　横尾龍彦「龍笛1」
151ページ　横尾龍彦「龍笛2」

緒言

『シュタイナー心経』という風変わりな表題について説明しておかなくてはいけないでしょう。

日本文化に詳しい方は「隅寺心経《すみでらしんぎょう》」のことをご存じと思います。法華寺の北東＝隅に位置する海龍王寺に伝わっている般若心経です。

般若（梵語プラジュニャー、巴利《パーリ》語パンニャ）は、ギリシア語のソフィア（知恵）と同じ意味の言葉です。心経（フリダヤ・スートラ）のフリダヤは、英語のハートと同じです。スートラは「糸」で、これの訳語として中国語の経（縦糸）が用いられました。

この『シュタイナー心経』は、ルドルフ・シュタイナー（一八六一～一九二五年）

の精神科学＝人智学（アントロポゾフィー）の要点を編訳したものです。
「アントロポゾフィー」というのは、ギリシア語のアントロポス（人間）とソフィアを組み合わせた言葉です。人間を「体」「生命」「心＝思い」「魂＝自分」からなるものととらえて、生きる意味、生死の謎、人類の生成過程を解明するのが人智学の内容になっています。これらを基盤として、華徳福《ワルドルフ》教育や優律思美《ユーリズミー》生活、独特の医学・農業・芸術・社会学が展開していきます。

シュタイナーの著書・講義録を順次翻訳してきたなかで、「これ一冊あれば生きていける」「これ一冊で生死を乗り越えられる」と言えるものを訳出しておきたい、と四半世紀前から思っていました。『大般若経』六〇〇巻が『般若心経』二六二文字に纏められたように、「エッセンシャル・シュタイナー」というべきものを纏めておきたいと思ってきたのです。

そのようにして人智学の肝要を抽出する試みを続けてきた結果、二〇種類あまりの「シュタイナー心経」が出来ました。そのなかで、素材のまま提出したのが『ベーシック・シュタイナー』（イザラ書房）であり、最も完成形にもたらしたのがこの『シュタイナー心経』です。

本書では、なるべく翻訳語ではなく普通の日本語を使うようにしましたが、以下に人智学用語について簡単に説明しておきます。

＊

シュタイナーは人間を「身体 Leib / body」「心魂 Seele / soul」「精神 Geist / spirit」の三層に分類します。そして、身体をさらに「物質体 Physischer Leib / physical body」「生命体 Lebensleib / life body」「感受体 Empfindungsleib / sentient body」、心魂を「感受的心魂 Empfindungsseele / sentient soul」「悟性的心魂 Verstandesseele / intellectual soul」「意識的心魂 Bewußtseinsseele / consciousness soul」に区分します。

生命体のことを「エーテル体」とも言います。物質体に浸透して、物質体を生かしている形成力です。また、感受体と感受的心魂を一つにして「アストラル体」と呼びます。思いの場である心のことです。そして、悟性的心魂・意識的心魂のなかにある自分を「個我」と呼びます。そうして、人間を「物質体・エーテル体・アストラル体・個我」の四つからなるもの、と考えます。

個我の力によって変容したアストラル体を「精神的自己 Geistselbst / spirit self」、個我の力によって変容したエーテル体を「生命的精神 Lebensgeist / life spirit」、個我の力によって変容した物質体を「精神的人間 Geistesmensch / spirit man」と呼びます。

＊

シュタイナーは物質界＝感覚界のほかに、超感覚的世界（超感性的世界）として、「心霊の世界＝霊界」と「精神の国＝天国」が存在すると見ています。

心霊の世界には「欲望の炎の領域・流れる刺激の領域・願望の領域・快と不快の領域」の下部四領域と、「心魂の光の領域・活動的な心魂の力の領域・心魂の生命の領域」の上部三領域があります。

精神の国には物質の原像が存在する「大陸領域」、生命の原像が存在する「大洋領域」、心魂の原像が存在する「大気圏領域」、それから思考の原像が存在する領域があり、これらが精神の国の下部四領域をなしています。その上の第五領域・第六領域・第七領域が上部領域になります。精神の国の下部が「有形天」、上部が「無形天」です。

＊

シュタイナーは神霊存在を九位階からなるものととらえて、愛の神々＝セラフィム、調和の神々＝ケルビム、意志の神々＝トローネ、叡智の神々＝キュリオテテス、動きの神々＝デュナメイス（デュナミス）、形の神々＝エクスシアイ、人格の神々＝アルカイ、炎の神々＝アルヒアンゲロイ、薄明の神々（生命の子）＝アンゲロイを挙げています。人格の神々は時代神、炎の神々は民族神、薄明の神々は個人の守護天使です。

これらの神々から逸脱したものが悪魔です。人間を幻想に誘うルシファー（ルチフェル、ルキフェル）と、人間を物質に縛り付けるアーリマン（アフリマン、アンラ・マンユ）がいます。

これらの神々から派生したものとして、四大元素霊がいます。土の精・水の精・空気の精・火の精です。

＊

人間が輪廻するように、宇宙も転生していくとシュタイナーは考えています。土星進化期・太陽進化期・月進化期・地球進化期・木星進化期・金星進化期・ウルカヌス星進化期です。熱からなる土星進化期に人間は意志の神々から物質的身体の基盤を得て、「昏睡意識＝全体意識」を体験しました。空気からなる太陽進化期には叡智の神々からエーテル体を得て、「睡眠意識」を体験しました。水からなる月進化期に動きの神々からアストラル体を得て、「夢像意識」を体験しました。そして、地球において人間は形の神々を通して個我を得て、「覚醒意識＝対象意識」を持っています。

地球進化期の物質状態において、ポラール時代・ヒュペルボレアス時代・レムリア時代・アトランティス時代が経過し、いまはポスト・アトランティス時代に入っているとシュタイナーは言います。

そして、ポスト・アトランティス時代のなかでインド文化期（紀元前七二二七〜五〇六七年）、ペルシア文化期（紀元前五〇六七〜二九〇七年）、エジプト・カルデア文化期（紀元前二九〇七〜七四七年）、ギリシア・ラテン文化期（紀元前七四七〜西暦一四一三年）が経過し、いまは五番目の文化期（一四一三〜三五七三年）です。今後、第六文化期と第七文化期がやってくるとシュタイナーは見ています。

＊

毎日一五～三〇分の読書、ならびに朝食前一五分と就寝前一五分の瞑想をシュタイナーは勧めています。

修行に取り組むにあたっては、「アルコールはどのようなものであれ、一切禁じる。アルコールは脳、特に霊的認識に導く器官に有害な作用を及ぼすからである。肉食は禁じないが、肉食を避けることによって低次の人間本性との戦いが容易になるので、肉食を避けるのはよいことだ」という注意を彼は与えています。

＊

シュタイナーは神智学協会に属していた時期（一九〇二～一九一二年）に自らの精神科学＝人智学の基盤を発表しました。基本書として『神智学』（一九〇四年）、『いかにして高次世界の認識に到るか』（一九〇五年）、『神秘学概論』（一九一〇年）があります。人智学の概要を語った講義録には、『秘教の基本要素』（一九〇五年）『宇宙生成論』『民衆の神秘学』『神智学の門前にて』（いずれも一九〇六年）『薔薇十字会の神智学』『神智学と薔薇十字』（ともに一九〇七年）『神智学と薔薇十字神秘学』（一九〇九年）があります。本書のなかの「シュタイナー流イニシエーション」と「基本・

人智学スタディー」は前者、「基礎・人智学レクチャー」と「宇宙篇・古代篇」は後者に基づいています。

のびのびとした生命力が、本書から皆さまの心と魂に湧き出ることを願っています。

平成二〇年孟秋

西川隆範

シュタイナー流・イニシエーション

認識の道の条件

だれのなかにも、天界を認識できる能力がまどろんでいる。出発点は「真理と認識への帰依」という心の基調だ。知識を敬うことを学んだときに、その知識を自分のものにできる。

尊敬に値するものを敬う。尊敬は盲信・盲従にはつながらない。必要なのは個人崇拝ではなく、真理と認識への畏敬である。

批判や裁きは、心を衰弱させる。献身的な畏敬は、心の力を発展させる。他人の弱点を非難するとき、人は自分の認識力を奪っている。愛に満ちて、他者の長所に沈潜しようと試みるとき、人は認識力を高める。軽蔑・裁き・批判のなかに何が潜んでいるかに気づこうとすると、高い認識に近づく。軽蔑したり、裁いたり、批判したりしようとするときに、自分の心を敬意で満たすと向上する。

醜い面に気づかぬようにして賛美することが要求されているのではない。欠点をはっきり見ながら、長所・美点を探すことを怠らないようにするのである。短所が目についた場合も、その人物全体を否定しないようにするのだ。

批判に満ちた心は疲労する。体が食べものを必要とするように、心も感情という栄養を必要としている。よい食べものと悪い食べものがあるように、軽蔑や批判は心を枯らし、尊敬の思いは心をいきいきとさせる。「尊敬に値するものすべてへの献身」という気持ちが心全体を照らすようにする。

つぎに大切なのは、内面の営みを発展させることである。森羅万象の神々しさを体験するには、まず自分の心のなかに神性を見出さなくてはならない。静かに自己に沈潜する時間を作り、外界の印象の余韻、自分の体験の余韻を響かせる。享楽に浸るのではなく、外界の美しさを享受したあと、それを消化しようとすることによって、認識力が高まる。外界の印象をつぎつぎに楽しもうとしたり、楽しみを味わいつくそうとすると、認識力は鈍る。

誘惑する霊たちは修行者の魂を硬化させ、閉鎖的にしようとする。修行者は自分を世界に開き、世界を楽しむ必要がある。そうすれば、世界が修行者に近づいてくる。けれども、楽しみに執着してはいけない。

自分の求める認識が知識を増やして精神的な宝を蓄えるためだけのものなら、人を道からそらせる。自分の求める認識が人格の向上と世界の進化に貢献するためのものなら、人を一歩前進させる。理想にならぬ観念は心のなかの力を殺す。理想になる観念は人のなかに生命力を作り出す。

内的な平安

自分の行為や言葉が他人の自由な決意に干渉しないように気をつける。知恵のある人は謙虚で、権力欲とは無縁だ。

内的な平安の時間を作り、本質的なものと非本質的なものを区別するように努める。日常とは異なった時間を作り、自分の行為・経験を他人の行為・経験のように見なしてみる。評論家のように冷静に自分を観察するのである。自分の体験にとらわれていると、本質的なものにも非本質的なものにも拘りがちだ。内面を平安にして自分を観察すると、本質的なものと非本質的なものを区別できる。そして、自分のさまざまな体験がいままで見えなかった姿を示すようになる。

平安と確信が内的な人間を育てる。内面の平安が、自分のなかに隠れている高次の人間を目覚めさせるのである。高次の人間が目覚めないかぎり、高い能力はまどろみつづける。内的な平安を通して、自分のなかに力が見出される。この平安の時間が、力の源泉になる。

「臆病さが自分の判断を誤らせ、行為を果たせなくしている」と理解することによって、臆病な気持ちは消え去る。そして、外界からの影響をコントロールできるようになる。侮辱された場合、自分に発せられた言葉から毒を抜き取れるようになる。人に待たされても、いらいらせず、その時間を有効に使えるようになる。

内的な高次の人間は安らぎと確かさを通して成長する。外的な生活の波に翻弄されていると、高次の人間は成長できない。内的な平安が内的な人間を育てる。そして、高次の人間が内的な支配者になり、外的な自分を導くようになる。喜怒哀楽が自分以外のものに拠っている場合、人間は自分の主人になっていない。

自分個人から人間一般へとまなざしを転じることによって、個人的なことがらを越えたものが自分のなかに生きるようになる。天界に目を向け、自分が天界に属していることを感じ始める。そうして、自分の中心点が内面に移される。内的な平安の時間に内面の声を聞き、天界との交流が育成される。

静かな思考活動に、いきいきとした感情を発展させる必要がある。精神が自分のなかに流し込むものを愛することを学ぶのだ。そうすると、思考世界が日常の事物より非現実的だとは感じなくなる。精神存在のなかでの生へと拡張していく静観的思索、すなわち瞑想によって高い認識が開かれていく。

瞑想中に感情に溺れたり、漠然とした感受に浸ってはいけない。明瞭な考えを形成することが大事だ。先駆者が瞑想中に受けた啓示、高い思考のなかに突き進んでいくとよい。

瞑想を通して、自分の行為が宇宙の事象と関連していることが洞察できるようになる。瞑想をとおして神性に結び付いた人には、誕生から死までに限定されない永遠の魂が生き始める。

準備

まず、浄化の段階における瞑想として、周囲の世界に見られる生命の発生・繁殖と衰微の経過に注目する。植物が繁殖し花咲くのを見て、その印象に没頭する。外界の事物をいきいきと正確に眺め、ついで、心のなかに現われる思考と感情の双方に、内的な均衡をもって没頭するのである。そうしていると、以前にはかすめさっただけの感情が心のなかで力強いものになっていく。この感情の余韻を静かな内面に響かせる。健康な感覚、鋭い観察力によって感覚界を見て、感情に委ねる。事物の意味を思弁的な知性で解明しようとせずに、物自身に語らせる。生長・開花・繁殖に注意を向けていると、日の出に似たものを感じる。衰微・枯死に注意を向けていると、月の出のようなものを感じる。このような表象に注意を向けていると、心霊の世界が次第に現われてくる。

天界で方向を定めるために、「感情・思考は現実的なものだ」と意識する必要がある。天界では、感情や思考が相互に作用する。瞑想行者は、自分の思考・感情に対して、地上を歩むときと同じ注意深さを持たなくてはいけない。勝手な思いつきや空想に耽らない。そうしていると、意味深い感情、実り豊かな思考が現われてくる。これらの感情・思考が天界における方向を定める。

音に耳をすますことも修行になる。まず動物の鳴き声を聞いてみる。自分がその鳴き声から感じるものを沈黙させて、動物の感情を聞き取ろうとする。動物の内面に注意を集中し、その感情を自分のなかで体験してみる。のちには、無機物の発する音にも耳を傾ける。このような練習を続けていくと、自然が意味深い言葉を語っているのが分かってくる。

ついで、自分の意見・感想を沈黙させて、人の言葉に耳を傾ける。自分より劣ると思われる人の発言を聞くとき、知ったかぶりや優越感を持たないようにする。自分の意見・感情を排して、人の話を聞くのである。

そうすると、内的な言語が知覚できるようになり、天界からの告知を聞きとれるようになってくる。秘儀参入者が語る言葉に触れていると、修行者の心のなかに、霊的な明視を可能にする力が形成される。聞いたものに対して、自分の主観的な感情・意見を投げ返しているあいだ、天界の存在は黙っている。自分の意見・感情を静めて傾聴できる者に天界の存在は語りかける。

内的照明

浄化のつぎは、内的照明の段階だ。

水晶の原石を見ながら、つぎのように考える。「石は形態を有し、動物も形態を有している。石は静かに一定の場所にとどまっている。動物は場所を移動する。動物が場所を移動するのは衝動・欲望ゆえだ。動物の形態はその衝動に合ったように作られている。石の形態は欲望のない力によって作られている」。このように思考していると、石と動物の感情が心のなかに流れてくる。この感情と、この感情に結び付いた思考から魂の目が作られて、石・植物・動物から色彩が流れてくるのが知覚できるようになる。

魂の目で見ることができるようになると、やがて、物質界には現われていない存在に出会うことになる。それは高い神であることもあるし、低い霊であることもある。

修行者に必要なのは慎重さだ。そして、高貴さ・善良さを増す必要がある。また、現実感覚を増す必要がある。誠実さ・観察力も増やさなくてはいけない。人間・生物に対する同情を増し、自然の美しさに対する感覚を増やさなくてはいけない。そうしないと、心は固くなり、感覚は鈍くなる。また、自分の生活を乱すほどの時間と力を修行に費やしてはいけない。成果を焦らずに、待つことができなくてはならない。

初心者は自分の心的・精神的な進歩になかなか気づかない。進歩の現われが自分の予想していたものとは異なっているので、気づかないのだ。このような状態のとき、瞑想行を放棄しないように、自信と勇気を持ちつづける必要がある。自分は正しい道を進んでいるらしいというかすかな感情を大事にするとよい。

植物の種をよく眺めてみる。そして、「この種を土に撒けば植物が生長する」と考え、その植物を思い描いてみる。「いま自分が想像したものがやがて現実に現われる。種のなかには、後に種から現われるものが、目に見えぬかたちで安らいでいる」と考える。この不可視のものに、思考と感情を集中する。「この不可視のものが、のちには目に見える植物に変化する。もし、私が思考できないなら、後に目に見えるようになるものをいま想像することはできない」と考える。このように考えたものを感じるようにする。

空想と現実を区別する健全な感覚を育てておかなくてはならない。自分が均衡を失っていないか、日常生活で健全さを保っているか、繰り返し確認しておく必要がある。

盛りの植物を前に置いて、「この植物が枯れるときが来る。しかし、この植物は種を作り出し、その種から新しい植物が生長する。そのような経過をもたらすものは、目には見えない。植物のなかには、目で見ることのできないものが存在している」と考える。このような考えに感情を結び付ける。

ここにいたると、事物は現在の姿を示すだけでなく、その発生・消滅の相があらわになる。ここから、誕生と死の秘密を知ることができはじめる。

真理の認識において一歩前進しようとするなら、性格を三歩、善に向けて完全なものにする。修行者は人間の尊厳と自由を最高度に尊重するよう、注意しなくてはいけない。他人を無制限に尊重しなくてはいけない。

自分が見た霊的ヴィジョンについては沈黙する必要がある。語ろうとすると、さまざまな空想が混ざり込む。

勇気と大胆さが必要である。危険に面したとき、「不安は何の役にも立たない。何をなすべきかを考えよう」と思える必要がある。不安や臆病をなくしてしまうのだ。

準備なく、感覚を越えた領域を目にすると、その光景に耐えられずに、心の均衡を失うことがある。日常の困難な状況のなかで平安と確信を保ち、善い力を信頼する訓練をしているのがよい。いままでは虚栄心や強欲から行動してきたが、いかに虚栄が空しく、強欲が有害か知ることになる。

ここまで達したとき、修行者は事物の「まことの名」を知ることになる。これが高い認識の鍵になる。

秘儀参入

秘儀に参入すると、通常の人間が何度も輪廻したのちに得る知識と能力を現時点で獲得することになる。普通なら遠い未来までに経験する数多くのことがらを体験せずに、人が将来獲得する能力をいま得るわけだ。そのため、その経験を何かによって穴埋めする必要が出てくる。それが修行者に課せられる試練だ。

第一の試練は無機物・体の真相を観照するためのものである。感覚的な知覚を覆っているヴェールを霊的な燃焼過程によって取り去る必要がある。「火の試練」だ。自信・勇気を育て、苦痛・失望を平静に耐えることが試練になる。そして天界の認識を通して、自信・勇気・根気を増すのである。確信が増し、人々に親切になり、決意は強まる。ここでも、健全な知性がないと、歩みは空しい。

明視的な認識力の育成を心がけていると、天界の出来事や存在を文字のように読み解く力が心に生じる。いままで目にしていた天界の個々の形・音・色が相互に関連してくる。そして修行者は天界の観点から行為するようになる。

ここにいたったとき、天界で自由かつ確実に行動できるかどうかの試練がやってくる。外的な誘因によってではなく、秘められた言語が示す基準によって行為するのである。それが第二の試練＝「水の試練」である。足が底に届かぬ水中のように、支えのない状態を通過するからだ。この試練のあいだ、修行者は自制心を育成することになる。自分の好き嫌いではなく、理想に従い、義務を果たすことが大事だ。日常生活において自制心を培っておかないと、天界への参入に必要な自制心を身に付けることはできない。

確実な判断力が必要になる。現実と幻想を区別できないと、先に進めない。現実と幻想との区別は高い段階にいたるほど困難になる。偏見や執着があっては、失格だ。自分の意見に固執すると、天界における確実さを得られない。空想・迷信は、進歩を妨げる。

第三の試練は「風の試練」。自分を駆り立てる外的な誘因はなく、浄化・内的照明の段階で現われた天界の色や形も支えにならない。自分自身のみが支えだ。この試練を通じて、修行者は高次の自己を見出さなくてはいけない。自分自身が唯一確実な支点なのだから、自分を失ってはならない。沈着さを身に付けなくてはいけない。人生の難題に直面したとき、ためらいなく決断すると、この試練を通過したことになる。

この試練を経た者は、高い認識の神殿に歩み入ることができる。そのとき、秘密の教義を漏らさぬという誓いをする。

修行者はいま体験していることを過去の経験から判断しないよう、「忘却の飲みもの」を受け取る。過去は現在を洞察する助けになるのだが、過去を基準にして現在を評価しないようにする。ついで、「記憶の飲みもの」を手にする。深秘の真理を絶えず魂のなかに現存させるのだ。

心と魂の育成

通常、人間の心と魂は混ざり合っている。修行に着手すると、心と魂は分節化されて、規則正しいものになっていく。

なによりも必要なのは忍耐力だ。性急さは人間のなかにまどろむ力を枯れさせる。忍耐は認識を引き寄せ、性急さは認識をはねつける。要求と欲望を沈黙させることが大切だ。達成できたことに満足し、心に平安があるようにする。魂と心の開発に努めつつ、自分が悟りを開くにふさわしいと天が見なすまで、静かに待つ。そうしていると、まなざしや身振りが安定し、決断力が増してくる。

自分の欠点について弁護すると、進歩の妨げになる。自分の欠点・弱点はその欠点・弱点を認識することによって克服できる。人間は自分について幻想を抱きがちだから、真剣に自己認識に取り組む必要がある。

好奇心によって知識を得ようとするのではなく、自分を完成させ、人類の進化に貢献できるために知を得るべきだ。正しいことを認識する前に、なにかを望むことはできない。

怒ると、心の目を育てる力が入ってこられない。恐れ・迷信・偏見・虚栄・功名心を捨てる必要がある。たとえば人種的偏見があると、相手の心を見ることが難しくなる。

よく考えずに発言することも、修行の妨げになる。人と話すとき、自分の考えよりも、相手の意見・感情のほうに敬意を払うようにする。語るときは、自分の語ることが相手にとってどのような意味があるかを見通してからにする。論破するのではなく、自分の与えるヒントによって、相手が自ら正しい認識にいたれるようにする。そうすると、修行者は温和な性格になっていく。厳格だと、心眼を開けない。温和でいると、周囲の心に対して繊細になれる。

いままでの思考習慣を鎮め、内面を静かにして、忍耐強く待つ。そうしていると、心の目、魂の耳が開ける。強引に霊的な力を得ようとはせず、じっくりと自分の成長を心がける。

静かな自然のなかで生活するのが、修行には好都合だ。それが不可能な場合には、心に染みる書物を栄養源にすることだ。

修行の条件

心身の健康に留意するのが第一条件。健全な人間から健全な認識が生じるからだ。禁欲も精神的満足を味わうために行なっているのであれば、役に立たない。ものごとを誇張する癖や一面的な判断・感情をなくしておかないと、主観的な幻想世界に陥る。冷静でいると、客観性が保たれる。

第二の条件は、自分を全体生命の一部と感じること。

第三に、自分の思考・感情が自分の行為と同じ意味を世界に対して持つと実感する必要がある。無垢な感情や思考は善良な行為と同じ作用をする。

第四の条件は、人間の本質は内面にあると認識すること。自分は心的・精神的存在であると感じる。外的な情況と、自分が正しいと考えることのあいだで、中庸を進む。

外界に適応すればいい、というのではない。認識に向けて努力し、真実を探求しなくてはいけない。けれども、周囲にとって有益な働きをするために、外界の意見を尊重すべきだ。こうして、「魂の天秤」が作られる。「開かれた心」と「内的な確かさ・不動の持続力」との均衡を取るのである。

決意したことは実行する、というのが第五の条件。その努力が大事であって、成果に捕らわれてはいけない。欲望からの行動は成果に捕らわれる。欲望からの行動は天界にとって価値がない。

自分に向かってくるものに感謝することが第六の条件。自分がどれほど他人や自然界の恩恵に浴しているかを知る。そのように感じると、自分のなかに愛が育つ。この愛が、高い認識にいたるには必要だ。

以上の六つの条件に沿って生きていると、内的な平静が生まれてくる。内的な平静が修行には必要だ。

これらの条件を満たそうとしないと、人への信頼を持つことができない。人を信頼することと、人を愛することが修行にとって必要だ。人への愛はあらゆる存在への愛へと広がっていく。邪悪なものに対しては善を創造するのが正しい対処法だ。労務と敬虔が修行者に要求される。成功を求めて努力すると、失敗する。敬虔さを伴わない学習は前進をもたらさない。すでに判断できることは、学ぶ必要がない。だから、判断しようとする人は学べない。認識の段階を上るにつれて、静かで敬虔な傾聴が必要になってくる。

心＝思いのオーラの区分

修行の結果どのようなことが生じるかを前もって知ることなしに、修行に着手すべきではない。明瞭な意識をもって修行しないと霊媒的になる。

修行によって、チャクラが回転するようになる。喉の一六弁のチャクラは、思考内容のあり方を見ることができる。思考内容を形姿として知覚するのだ。心臓の一二弁のチャクラは、心の志向のあり方を認識する。心の暖かさ・冷たさを知覚するのだ。生長・発育からは心的な暖かさ、衰微・没落からは冷たさが発するのを知覚することによって、このチャクラは自然のいとなみを理解する。鳩尾の一〇弁のチャクラは心の才能・能力を認識する。喉のチャクラ、心臓のチャクラによって知覚された形姿・熱が鳩尾のチャクラに光・色を示す。

喉の一六弁のチャクラの開発法は、つぎの八つからなる。

一、思考に注意し、思考を有意義なものにする。外界を忠実に映す考えを抱く。不正な考えを心から遠ざける。

二、ささいなことでも十分な熟考ののちに決定する。思慮深くない行動、根拠のない行動をしない。

三、意味のあることを語る。単なる思いつきを語ったりしない。人々との付き合いのなかで、有意義な会話を心がける。十分に考えた言葉を口にする。
四、行動をコントロールする。周囲との調和を心がける。周囲を妨害したり、周囲と矛盾する行動はしない。何が最適の行動かを考え、自分の行動が引き起こす作用について、前もって熟慮する。
五、自然と精神に適った生活をする。急ぎも怠けもしない。過労も怠惰も避ける。
六、自分の能力を確める。能力の及ばないことは行なわず、自分ができることはなおざりにしない。
七、生活からできるかぎり多くを学ぶ。自分の行為に不備・誤りがあった場合は、よりよく行なうための教訓とする。他人の行動からも学ぶ。体験を振り返って吟味してから、決断・実行する。
八、自分の内面に向き合い、自己との対話を行なう。自分の生活方針、人生の目標について熟考する。
以上の八つが身につき、もはや努力目標ではなく、当然の生活態度になったときに、霊的な知覚能力が現われる。自分の思考・発言が外界の事象と一致していると、このチャクラの開発は促進される。思考・発言に偽りがあると、このチャクラは崩れていく。たとえ善意からであっても、現実と一致しないことを思考・発言すると、このチャクラは衰微する。天界を予感できはじめたとき、その体験について語ると、進歩が妨げられる。なにかを聞いて、すぐに判断し、あとで別の情報が入って最初の判断を変えるのも、喉のチャクラにとってよくない。判断を下すには、慎重でなくてはならない。

心臓の一二弁のチャクラの開発。

一、事実に即した思考。毎日五分間以上、身近な物について、「どんな素材からできているか。その素材はどのようにして用意されたのか。その素材をどのように組み立てるのか」と、考えていく。このようにして思考の経過を支配できると、ものごと全般の成り立ち、宇宙の成り立ちについて、確かな見解を得ることができる。

二、自分の意志衝動を支配する。何時何分に何を行なうかを決めて、それを実行する。意志を支配できると、空しい欲求を抱かなくなる。

三、感情、快と苦に対する平静さを獲得する。喜怒哀楽を感じつつ、その感情の表現をコントロールする。感情をあらわにして我を忘れる、ということがないようにする。そうすると、心が繊細になるとともに、感情のなかに安らぎを作ることができる。この安らぎによって、心が高い自己のかたわらで不健全な生活を送ることが避けられる。

四、「世界判断における積極性」の練習。醜悪なもの、邪悪なものを目にしても、そのことによって、善良な部分、美しい部分が見えなくならないようにする。

五、いままでの体験にとらわれずに、新しい体験に向かい合う。先入観を捨てて、「とらわれのない理解」を育てる。

六、以上の五つの釣り合いを取る。

鳩尾の一〇弁のチャクラを開発するには、感覚印象を意識的に支配することが必要だ。そうすることによって、幻想の源を統御できるようになる。無意識的な知覚をとおして錯覚が生じるのを防ぐのである。外から到来する印象を支配し、自分が知覚しようとしたものだけを知覚する。受け取りたくない印象は、集中力、意志の力によって、受け取らないようにする。思考するときには、その思考内容に結び付くことのみを考えるようにする。

腹部の六弁のチャクラの開発には、自分全体を自己意識によって完全に支配する必要がある。身も心も清められて、欲望・情熱を離れており、高貴な精神に役立つために働こうとする。もはや上から統御する必要がないほど、本能・情念は清められている。なにかを断念しても、それで苦しい思いをしているあいだは、本能はそれを求めているわけだ。六弁のチャクラが開発されると、天界の存在たちとの交流が可能になる。ただ六弁のチャクラのみが開発された場合には、天を見ることはできても、理解が伴わないので混乱する。

生命オーラの育成

チャクラは心（思いのオーラ）のなかで開発される。確かな知覚のために、そのチャクラの働きを生命オーラに定着させる必要がある。生命の流れを整えるのである。瞑想を行なうと、思考は感覚的印象から独立する。思考は修行者の選んだ一点に集中する。そうして、生命の流れの中心点がまず頭に作られる。思考の集中を継続して、この中心点が確かなものになると、中心点は喉に移る。さらに瞑想を続けると、生命の組織の中心が心臓に移り、そこから流れが発するようになる。そうして、内なる言葉を理解でき、天に歩み入る。いきなり心臓に中心を作ると、天を見ることはできても、天と地の関係が分からない。

つぎの四つの特性の開発に取り組む。
一、思考内容に関して、真実と現象、真実と意見を区別する。この特性・習慣が身につくと、生命の流れの中心点が頭に作られ、喉の中心点が準備される。
二、さまざまな現象に面して、真実・現実を正しく評価する。そうすると、喉の中心点が成熟し、生命が制御されて、生命オーラの境界ができあがる。
三、先に述べた心臓のチャクラを開発する訓練。
四、内的な自由への愛を育てる。これによって、心臓の生命器官が成熟する。

天界の存在たちの姿は修行者の思考・感情に応じて変化する。また、修行者自身が生み出したものが姿を現わす。自分の欲望・情熱・性格が獣や人間の姿をとって現われるのである。自分が外に向けて発する願望が自分に向かってくる姿で現われる。自分が発している情欲は自分に襲いかかる獣のように見える。天界が見えるようになる前に、自分を冷静に観察し、自分の性質を認識していると、眼前に現われる自分の内面に向き合う勇気を持てる。

そのような鏡像として、低い自我が眼前に現われる。そして、そのなかに高い自己が現われてくる。この「精神的な自己」を通して、修行者は天界と結び付く。

眉間の二弁のチャクラが回転すると、自分の高い自己を神霊に結び付けることができる。このチャクラから発する流れが神霊を照らし出す。根源的な真理を秘めた表象に沈潜することによって、眉間のチャクラの流れを統御できる。

健全な理性と道徳が高い器官を育てる。精神的な自己は地上の個我のなかで育っていく。この高い自己が天界の存在と結び付く。修行者は地上の個我が天から発したことを知る。

夢の変化

精神的に進歩したということが、夢が規則的になることによって示される。

人間は知覚したこと、考えたことを、天に刻印する。日中、かすかな精神的印象は強烈な物質の印象にかき消されて、知覚されない。睡眠中、耳目が閉ざされると、精神的な印象がまだ混乱した姿であるが、現われてくる。

チャクラが開発されると、物質界に属さない知らせが夢のなかに示される。天界に存在するものが物質界の原因であり、自らの高い自己が天に存在していることを修行者は知る。高い自己を自分の本質と見なして、高い自己にふさわしく振る舞うことが課題になる。

霊的な知覚器官の流れを生命に浸透させ、それを天に送り込み、天界の存在を照らして知覚・認識できる。自分の精神的な光を放射できると、はっきりした意識をもって天界を知覚できる。

心霊の世界に存在する物質界の対になるイメージを修行者は見る。動物・人間の衝動・情熱の心的な対応像を知覚するのである。

修行者は自分が対象と一体であるように感じる。その対象のなかにいるように感じる。修行者は天界の一定の場所を正確に研究して、その場所を自分のものにしなくてはならない。その場所との関連において、ほかの天界領域を把握するのだ。天界の故郷を意識的に選び出すのである。

意識の持続化

高い認識が開けるまで、意識は眠りによって中断される。修行が進むと、夢のなかに天が示されるようになる。さらに修行を続けると、夢のなかだけでなく、いつでも霊的知覚が可能な状態になれる。そして、夢のない眠りを意識をもって体験・知覚できるようになる。夢を見るように、夢のない眠りの世界を聞くことができるようになる。もっと意識が開発されれば、夢のない眠りの世界を色・形で見ることができるようになる。

最初のうち、眠りのなかで何かを体験したということは分かるが、何を体験したかは分からない。この段階で体験するものは、たがいに関連していない。だから、その体験から体系的な認識を導き出そうとしてはいけない。地上の慣習的な思考によって論理化しようとすると、混乱に陥る。体験が増えると、体験どうしがおのずと関連してくる。睡眠は無意識ではなくなり、覚醒中と睡眠中、意識が連続するようになる。不安・焦りは有害だ。強引な前進を試みると、すでに得た体験が失われる。

この睡眠中の体験は喜びをもたらすが、それに捕らわれてはいけない。通常の判断力では理解できないことが、睡眠体験によって解明される。地上の事物は天から流出したものだ。いままでは思考のなかで暗い影のようであった概念が、睡眠体験をとおして生命的な響きを得て、音・言葉のようになる。

思考・感情・意志の分立

精神的な能力が開発されはじめた段階で天界の事象を体験するのだが、その事象と物質界との関係はまだ認識できない。

心は絶えず天から、無意識に刺激を受け取っている。修行者はこの経過を意識化する。天界が見えないあいだ、心は神々によって導かれている。天界が見えるようになると、もはや手引きは不要と見なされる。

心霊の世界には、悪魔や精霊・妖精もいる。精霊の力を自分の利益のために使いたい、という誘惑が生じる。忍耐が足りず、十分に天界の法則を認識できるまで謙虚でいられないと、修行者は危険にさらされる。

人間の使命は地上にある。その使命を果たさずに天界に逃れる者は目標に到達しない。天界は創造力の源である。天界に触れることによって、地上での活動が有効なものになる。

修行を通して、思考・感情・意志がそれぞれ自立する。それまでは、この三つが混ざり合って、独自の力を発揮できないでいた。思考・感情・意志がそれぞれ自立することによって、各々の力が際立って発揮されることになる。この三つはいままでの結び付きを脱すると、外に向けて力を発揮できるのだ。そうして、天界の存在と意識的な関係を持てるようになる。

ここで必要なのは、この三つの力を自分の高い意識によって結び付けることだ。もう、思考は行為に導かなくなる。また、動機なしにも行為できるようになる。意志が突出すると、行動に抑制のない、暴力的な性質の人間になる。感情が独走すると、盲信的・狂信的になる。思考が突出すると、生活を蔑視して、隠遁するようになる。修行を始めると、いままでの思考・感情・意志の弱点が際立った形で現われることがある。危険なのは、日中の生活が自分を消耗あるいは扇動する場合だ。だから、心に不安・焦りをもたらすものは避けるべきだ。人生の状況を平静に見渡す必要がある。

高次元世界の認識

目覚めているとき、人間は感覚界の印象に没頭している。眠っているときは、意識を失っている。感覚の印象が排除されていながらも、心が意識を保っていると、心は高次元世界に向き合うことができる。

睡眠中、心は体から離れている。瞑想中も、心は体から離れる。睡眠中、心は無意識だが、瞑想中、心は日中よりも高い目覚めの状態にある。日中は体の経過が心に示すものが鏡像のように知覚されるのに対して、瞑想中は心自体が内的に体験される。

日中の経過を映すイメージが外界を拠り所としているのに対し、瞑想に用いられる象徴的なイメージは自立している。そのイメージが心を物質への依存から解き放つ。

植物がどのように地に根付き、どのように葉を出していくか、どのように花を咲かせるかを思い描く。この植物のかたわらに、一人の人間を思い描く。人間は植物よりも高い特性と能力を持っている。植物が地面に縛り付けられているのに対して、人間は自分の感情と意志にしたがって場所を移動できる。だが、人間は欲望と情念に従っている。植物は純粋な生長の法則に従って葉を出し、花を無垢に、清らかな日光に向けている。人間はある点で、植物より完全である。けれども、人間は純粋な植物の力に、衝動・欲望・情念を付け加えることによって、その完全さを手に入れたのだ。緑の樹液が植物のなかを流れている。それは純粋無垢な生長法則を表わしている。赤い血液が人間の血管のなかを流れている。それは衝動・欲望・情念を表現している。人間は衝動・情念を自分の高い心の能力によって清めることができる。衝動・情念のなかの低いものが根絶され、それが高次の段階で再生する。そうすると、血は純化された衝動・情熱を表現するものになる。薔薇の花びらのなかで、緑の樹液は赤に変化している。赤い薔薇は緑の葉と同じく純粋で無垢な生長の法則に従っている。低いものを捨てて純化された衝動・情念はその純粋さにおいて赤い薔薇のなかに働く力に等しい。赤い薔薇は清められた衝動・情念を表わす血の象徴になる。

ついで、黒い十字架を思い描く。根絶された低い衝動・情念の象徴である。そして、円環状に七つ、赤く輝く薔薇をイメージする。これは清められた情念・衝動を表わす。

天界の本質を端的に示す言葉に沈潜することもできる。

感情、たとえば「喜び」という感情に沈潜することもできる。地上の経過に対する喜びではなく、精神的な理念に喜びを感じるのである。外的な印象によって生じたのではない感情が心を支配することによって、内的な心の力が目覚める。

内的な沈潜は心を感覚的な知覚から引き離し、内にまどろんでいる心の力を発展させる。その沈潜が冷静・平静であるほど、作用は大きい。内的沈潜の成果を知覚できるまでには時間がかかるので、忍耐・持続力をもって、平静に修行を続ける必要がある。

瞑想を通して、まずイマジネーションが獲得される。高次認識の第一段階だ。

象徴像は人間の心を感覚的な知覚および分別に結び付いている脳から解き放つ。心は体の器官から抜け出て、以前の自分のかたわらに自己を感じるようになる。物質的な感覚と物質的な分別に結び付いた自分から、新しい自己が抜け出るのが最初の精神的な体験だ。この新たに誕生した自己が天界を知覚する。

ここにいたった瞑想者の心は心霊の世界で、まず自らを知覚する。自分自身の本質を反射するイメージを目にするのである。そのイメージから目をそらせられないなら、束縛された状態だ。心を自由に活動させるために、そのイメージを意識から消すことのできる意志の力を作らなくてはいけない。だが、そのように努めても、消え去らないイメージがある。それが自分の心の核のイメージだ。このイメージのなかで、瞑想者は輪廻する自分の本質を知る。

霊的な観照に導くイメージを瞑想したあと、そのイメージを消し去った状態にとどまる。イメージを消したところに、天界の現実を示すものが現われ、精神の国・心霊の世界を観察できるようになる。

瞑想を続けていくと、朝、「私は睡眠中、別世界にいた。その世界から、私は目覚める」と感じるようになる。さらに睡眠中、「いま、私は別世界にいる」と気づくようになる。

いままでの自分のかたわらに高い自己が生まれ出て、神霊を知覚するようになった段階で、強い自己愛が生じる。自分が達した世界で至福に浸ろう、という思いが生じる。強い意志をもって、この思いを克服しなくてはいけない。

瞑想行を通して高い自己を生み出すと、高い自己に向けられる分だけ、いきいきとした力が通常の自分から取り去られる。高い自己が生まれ出ると、日常の自分は高い自己から独立することになる。あらかじめ思考を整えておかないと、日常の自分のなかに、無秩序で錯綜した空想的な思考が現われてくる。あらかじめ論理的な思考力を育てていると、通常の自分を高い自己から独立させても安全だ。

高い自己が超感覚的な認識を始めるまえに、日常の自分のなかに道徳・良心を十分に形成し、衝動・情熱を支配できるようになっている必要がある。そうしないと、「真理感覚」が十分に機能しない。心が思考・意志・感情を支配できるようになっていると、心は均衡を得て、高い自己が生まれ出るときに確かさを保てるし、高い自己に内的な強さと拠り所を与えることができる。

毎日、一定の時間に内的な沈潜・平安の時間を作り、個人的な要件から離れて、人間一般に関することがらへと思考を高めると、天界からの伝達が心に満ちる。自分に向かってくる出来事に落ち着いて向き合い、自分の主観的な心からではなく、その出来事自体の意味と価値にしたがって判断する。そのようにして健全な判断力をあらかじめ身に付けておかないと、天界を正確に知覚できない。

自分の体験を他人の体験のように見なす練習をする。一日が終わったときに、日中の体験を思い浮かべ、自分を客観的に観察するのである。日中の自分を、外から眺めてみるのだ。日中の体験を逆の順序で、短時間で回想してみる。

思考の内的本性は天界と関係している。けれども、人間は思考を物質界に結び付けることに慣れてしまっている。感覚から自由な思考（物質界に束縛されていない思考）が、瞑想には必要だ。高次世界についての報告を自分の思考内容にしてみると、感覚から自由な思考に到達できる。

人間は本当に思考するとき、超感覚的な生命領域のなかにいる。物質界を観察する人は、自分が事物の外にいると感じる。感覚から自由な思考をする人は、対象物と自分が一体であるように感じる。

イメージへの沈潜を通して、心のなかに知覚器官が作られる。チャクラを形成するための修行は「浄化」と呼ばれる。物質界の印象から、内面が浄化されるのだ。チャクラを用いて天界を知覚できるようになるのが「内的照明」だ。瞑想をしても何も見えてこない場合、自分が空想していた天界の情景が見えてこないので、実際は知覚しているのに、見えないと思い込んでいることがある。修行には忍耐・持続力が必要だ。天界を覗きみるような部分的な成果は、全体的な進歩を遅らせることがある。

地上の存在は発生し、消滅する。心霊の世界では、誕生・死滅ではなく、ある存在が別の存在へと変容する。心霊の世界は動揺の世界だ。だから、そこでは瞑想者は方向を定められない。インスピレーションへと前進すると、静止点にいたる。

イマジネーションを通して、瞑想行者は神霊の心の表われを認識する。インスピレーションは「解読」に似ている。インスピレーションなしには、心霊の世界は、見ることはできるが読むことのできない文字のようなものだ。イマジネーションによって見える姿の意味を、インスピレーションによって解読するのである。そして、インテュイションによって修行者は神々の内面に入っていく。インテュイションにいたると、修行者は自分を精神存在として、天界における姿で知る。

インスピレーションに達するには、イマジネーションにいたるために用いたイメージを意識から消し去り、そのイメージを作り出した精神活動を心のなかに保つ。「私自身の心の経過をしっかり保とう。だが、イメージそのものは意識から消し去ろう。このイメージを創造した私自身の心の活動に沈潜しよう」とする。

修行者は、外界のあらゆる印象に開かれた感受性を持つ必要がある。そして自分の体験を、共感・反感、個人的な感情・利害を交えずに作用させることが、超感覚的な認識の準備になる。

心的・精神的に発展するために特に大事なのは、尊敬という感情だ。だれかを理想として尊敬する者、星空を見て高次の諸力の啓示に感嘆する者が超感覚的な認識へと高まっていく。そのとき、「自分の内面に隠れている力を発展させれば、自分が尊敬する人に等しい者になれる」という自信を失わないようにする。

人が現在有している判断能力よりも正しく自らを導く何かが、人のなかに生きている。この「自分のなかの何か」に、感覚を開いておかなくてはならない。ただ、自分の判断力を捨てて、予感に突き動かされるようになると、不確かな衝動に弄ばれるようになる。

イマジネーションにいたるために用いたイメージを消し去り、自分の心の活動に没頭することによって、インスピレーションに到達できる。自分の心の活動のなかに生きることもなくして、いかなる外的・内的体験も心のなかに有さないようにすると、インテュイションにいたる。外的体験・内的体験のすべてを捨て去ったあとに、意識のなかに残るものに沈潜するのだ。象徴イメージをとおして、イマジネーションに到達する。ついで、イメージを意識から遠ざけて、自分の心の活動に沈潜することによってインスピレーションに達する。自分の心の活動も意識から遠ざけて、インテュイションにいたると、天界を明瞭に見渡せる。

心（思いのオーラ）からチャクラが形成されると、イマジネーションが得られる。インスピレーション・インテュイションに向けて修行すると、生命のなかに、いままで存在しなかった流れが現われる。生命オーラの中心がまず眉間に作られ、ついで喉に移り、最終的に心臓のあたりにいたる。この時点で、生命オーラを細かい網で包む流れ・輝きが形成されなくてはならない。インスピレーションにいたるとき、網が生命オーラのなかにできていないと、心霊の世界・精神の国と混ざり合い、自分と心霊の世界・精神の国とを区別できなくなる。

境域を見張る者

精神探求の生活を始めるまでは、思考・感情・意志はおのずと結び付いていた。瞑想行の途上で、思考・感情・意志が分立する。魂はこの三つの力を導けるように、強くならなくてはいけない。

魂には、癖・好き嫌い・情熱・意見などがまとわりついている。魂はカルマを引き寄せる。天に参入するとき、魂および魂に付着するものが瞑想者の前に現われる。「境域の監視者」である。

霊的な知覚器官が育成されたときに、自分自身のあらわな姿が出現する。人間は自分の本当の姿を目のあたりにすると、その醜さに自信を失う。宇宙進化の経過を研究して、人類全体のなかに悪魔的な力が入り込んでいることを知ると、自分のなかに邪悪な力を見出しても耐えられる。

人間の心の深みには羞恥心がある。恥ずかしいという感情によって、自分の内的本質がイメージとして現われるのが妨げられる。自分のありのままの姿を、恥ずかしいという感情が覆い隠すのだ。この感情は天界も覆い隠す。

心霊の世界のイメージは、そのイメージを人間がどのように感じるかによって変化する。そのイメージは修行者の内面を反映する。

修行者は自分と天界を区別できなくてはいけない。そのためには、自分が何を天界に持ち込んでいるか、認識しておく以外に方法はない。あらかじめ徹底的な自己認識をしておくと、天界を混ざりものなしに知覚できる。

物質界と天界との境を見張る者の姿をとおして、瞑想行者が自分のなかにあるもの、自分が天界に持ち込むものを認識すると、天界を正しい姿で見ることができる。

思考・感情・意志が分立しはじめると、修行者は天と地の境を見張る者に出会う。修行者自身の行為・思念を素材としてできている、心的な存在だ。

「いままで、君には見えなかった力が君を支配してきた。その力は、君の良い行ないには恩賞、悪い行ないには悪い結果を引き起こしてきた。その影響を通して、君は経験と思考から性格を築いてきた」と、境域の監視者は語る。「いま、君の過去の人生の良い面と悪い面すべてが、君に示されるべきだ。それらは、いままで君自身のなかに織り込まれていた。いま、それらは君から離れて、君の外に出る。それが私だ。君の高貴な行ないと邪悪な行ないから、私の体は作られている」と語る。

境域の監視者に出会うまでは、運命の叡智が人間のなかで、境域の監視者の汚れを消そうと働いてきた。境域の監視者が人間の外に出ることによって、隠れた叡智は人間から去っていく。修行者自身の叡智が、隠れた叡智の課題を引き継がねばならない。修行者が不正なことを行なったり考えたりすると、境域の監視者の姿は醜く、悪魔的になる。修行者が自己を清めると、境域の監視者の姿は美しく輝く。

修行者自身が過去の生活の結果として作ってきた性格を境域の監視者は示している。

天界への境域を通過した修行者から、神々は手を引く。修行者は共同体から出て行かなくてはならない。それまでに民族神等の力を身につけておかないと、自分個人に凝り固まって、破滅することになる。

境域を通過した修行者の前に、闇が広がっている。「おまえ自身が闇を照らし出せるまで、この境域を越えるな」と、境域の監視者は修行者に語る。民族神等の姿を、境域の監視者は修行者に見せる。修行者はいままで自分がどのように導かれてきたかを知ると同時に、今後はそのような導きがなくなることを知る。

この境域で修行者は新しい人生の基調になる浄福を予感する。新たな自由感が湧き上がる。そして、「新しい義務と責任を引き受けよう」と思う。

境域の監視者の体は人間の思考・感情・行為の結果からできている。その結果が人間の性格と運命を作ってきた。人間の本質は地上においてのみ完成していける。地上で獲得できる能力をすべて育てなくてはならない。地上を十分に体験しないと、天において無力だ。天界を見る目は地上での体験を通して作られる。地上で魂の目を作らないと、天界で魂の目を持つことができない。

高い自己の影響下にないものを境域の監視者に行なわせないことによって、人間の力は確かなものになる。

修行者は境域の監視者の姿に恐怖を感じて、先に進むことを放棄し、境域の監視者に囚われることがある。ところが、囚われの身になったとは感ぜず、自分は最高の認識にいたったと思い込んでしまう。そのような錯誤に陥らずに道を進むと、境域の大監視者が出現する。

境域の監視者の姿には、修行者の過去の結果が示されている。思考・感情・意志の分立がさらに進むと、境域の大監視者が出現する。「君は自分のためには、もはや体を必要としない。天に安らおうと欲するなら、地上に帰る必要はない。しかし、君は自分が得た力をもって、地上のために働くべきだ。君は解脱した。これからは、地上の人々の救済のために働くことができる。君が得たすべての力を人々の救済のために用いるまで、私は君を最高天には入らせない」と、境域の大監視者は修行者に語る。

至福への誘惑に陥らないように純化されているかどうかに、すべてが懸かっている。

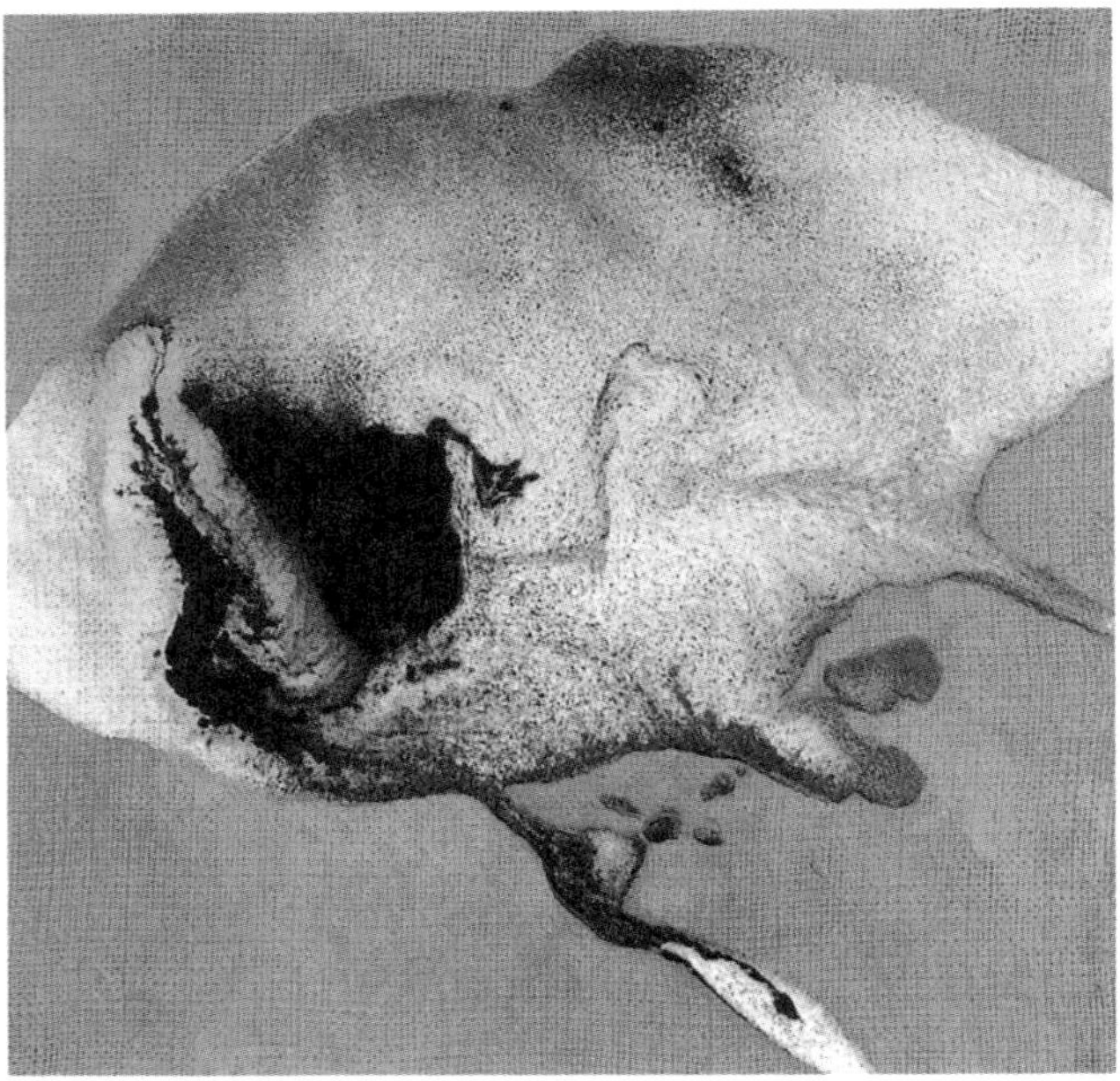

基礎・人智学レクチャー

体・生命・心・魂

人間に目を向けてみよう。まず知覚できるのは体だ。しかし、体は人間の一部にすぎない。目で見ることができ、手で触れることのできるものが体だと思うなら、誤っている。人間の体には、高次の部分が混ざっている。五感で知覚できる体には、生命と心が浸透している。心の表象が生命に刻印され、それが体を形成していく。死んで、生命が体から離れ去ったとき、体だけが残る。

人間の体は崩壊に対して戦う生命に浸透されていないと、死体になる。生命が人間の第二の部分だ。生命オーラの上半身は体とほぼ同じ姿をしている。下に行くにしたがって、生命オーラは体と似たところがなくなっていく。生命は体を構築する力の線に貫かれた力体だ。体と生命オーラでは、左右が逆になっている。例えば、体の心臓はやや左側に位置している。生命オーラの心臓は右側にある。男の生命オーラは女性的であり、女の生命オーラは男性的だ。生命オーラの動きの柔軟さは、体の動きとは比べものにならない。健康な人の場合、生命オーラは若い桃の花の色をして輝いている。

人間は快と苦を感じる能力を持っている。それが心である。心が人間の第三の部分だ。心（思いのオーラ）は絶えず内的に動く、卵形の精妙な光の雲のようである。人間の楽しみ・苦しみ・喜びなど、思いのオーラはじつに様々な色と形を示す。思いのオーラは頭の二倍半分の長さ、体を越え出て、雲のように体を包み、下方に消えていっている。その雲のなかに現われるものは、人間が他人に対して持つ感情を表わしている。人間の思いが絶えず変わるように、心の色と形も絶えず変わる。

人間の第四の部分は魂である。魂は額のうしろに、青みがかった卵形の球のようにとどまっている。実際は、そこは何もない空虚な空間だ。まわりに光が輝いているので、この暗い空間は青く見えるのである。それが魂を表現している。

体のなかで、魂は血液に表現されている。心は神経、生命は腺に表現されている。

心・生命・体の変容

魂が心・生命・体に働きかけることによって、人間は進化していく。

魂が心に働きかけると、欲望は高貴なものに変化する。魂が心のなかに生きる思いを支配下に置くと、それが「精神的な自己」になる。魂が不屈に心に働きかけると、しだいに人間は自分に良いことをするように命じる必要がなくなり、良いことをするのが習慣になる。自分の命令に従うだけなら、魂は心に働きかけている。良いことを行なうのが習慣になると、魂は生命にも働きかけている。

なにかが説明され、それを理解したとすると、魂が心に働きかけたことになる。心が繰り返し同じ活動をすると、生命に働きかけることになる。一度かぎりの理解は魂から心への働きかけであり、繰り返しの理解は魂から生命への働きかけだ。生命の原則は繰り返しである。繰り返しがあるところには、生命が活動している。そして、完結するのが心の原則だ。

精神的な生活をとおして生命に働きかけ、自分の生命の主人になることができる。その働きかけによって、生命のなかに永遠の生命が作られる。だから記憶力をよくする、短気を柔和にする、憂鬱を沈着さにするなど、気質を変化させることには大きな意味がある。魂が生命に働きかけると、「霊化された生命」ができる。それが魂によって変容させられた生命だ。

呼吸を整え、血液循環を整え、神経の働きを整え、思考を整えることによって、体への働きかけがなされる。

体・生命・心への働きかけには、意識的な働きかけと無意識的な働きかけの二つがある。無意識的な働きかけは、自分ではそれと知らずに、芸術作品の鑑賞や、敬虔な思い・祈りによって働きかけていることだ。魂が無意識的な方法で働きかけたのが「感じる心」「知的な心」「意識的な心」である。

魂が意識的に心に働きかけてできたのが「精神的な自己」、意識的に生命に働きかけたものが「霊化された生命」だ。意識的な呼吸によって、体は「霊体」へと改造される。

眠りと目覚め

目覚めているときの人間と眠っているときの人間を考察してみよう。眠ると、心と魂が体と生命の外に出る。心が外にあるので、睡眠中の人間には意識がない。心は二つのらせんが絡み合っており、一方のらせんは体のなか、他方のらせんは宇宙に広がっている。心が体から離れながら生命と結び付いている状態で、夢が現われる。

心は人間のなかで、知覚・思考する部分だ。心の内容は、宇宙の心からたずさえてきた印象と、物質界から受ける印象に分かれる。心が地上から受ける影響によって、元来の調和は乱される。眠っているあいだ、心は地上の印象から遠ざかり、宇宙の調和のなかに入り込む。心は夜、眠っている人間に働きかけ、日中の体の疲労・消耗を回復させ、力を補充する。そして朝、夜のあいだに体験した若返りの余韻をたずさえて目覚める。人間の魂と心は夜、体と生命から去り、朝になると戻ってくる。

生命のゆくえ

生きているあいだ、生命は体と結び付いている。死ぬと、生命は体から離れる。死ぬ瞬間、生命および心と体との結び付きが、心臓のところで解かれる。心臓のところで光が輝き、生命・心・魂が頭を越えて出ていく。

死の瞬間、過ぎ去った人生全体が一つの画像のように、死者のまえを通り過ぎる。生まれてから死ぬまでの人生が、壮大な記憶の画像として死者の心のまえを通り過ぎていく。生命は記憶の担い手であり、その記憶が解き放たれるからだ。

生命が体から離れるときに、生命のなかに書き込まれていたものすべてが現われる。生命は体のなかにあるかぎり、みずからの力すべてを展開することはできない。人が死ぬと生命は自由になり、人生をとおして自分のなかに書き込まれたことを、体の束縛なしに展開できる。死の瞬間、生命と心と魂が体から抜け出し、記憶の画像が心のまえに現われるのである。この画像は客観的なものであり、内的な体験が消し去られている。

この記憶の画像は、生命が心と魂から離れるまで続く。生命が心から離れる瞬間に記憶の画像は消え去るが、過ぎ去った人生の収穫が力のエキスとして、心のなかにとどまる。

人間が生きているときに、眠りに陥ることなく起きつづけていられる時間の長さだけ、死後の記憶の画像は続く。記憶像が現われているあいだ、人間は自分が外へと広がっていくという感情を持つ。自分の生命が拡大し、地球全体・太陽まで包み込むように感じる。

死者の生命は徐々に宇宙生命のなかに解消していく。しかし、生命のすべてが解消するのではない。生命の精髄を、死者は携えていく。生命の精髄とともに、人生の果実も携えていく。

いまや死者は生命の精髄と心と魂を有している。

心のゆくえ

心にとって根本的に新たな時期が始まる。地上への愛着から離れる時期が始まるのだ。地上で、心は体の器官をとおして欲求・衝動・願望を満足させる。死後、体が失われる。しかし、欲望は心的なものだから、死後も残る。欲望を満足させる体がなくなった心は燃えるような渇きに苦しむ。心のなかにある衝動・願望は体を捨てるとともになくなるのではなく、すべて存在しつづける。

身体的な喜びが心に付着しており、欲望を満たすための道具＝体がないだけなのだ。

その状態は、おそろしく喉が渇いているのに、渇きを癒す可能性がまったくないのに似ている。欲望を満たすために必要な器官がないので、その欲望ゆえに苦しむのだ。欲望が満たされないことから生じる苦しみだ。感覚的な欲望と望みを捨て、心が地上から解放・浄化されるために、このような苦しみを体験しなければならないのである。

死者が霊界で過ごすのは、感覚的な欲望から遠ざかる期間だ。地上に結び付いている欲望がすべてなくなるまで、霊界の期間は続く。地上の人生で体を超越している人には、霊界の期間が短くなる。心が浄化されると、霊界は終わり、人間は天国に上昇する。霊界を通過するのに要する時間は生まれてから死ぬまでの年月の三分の一の長さである。

人間は地上での行為をとおして、高みへと発展する。別の面では、生まれてから死ぬまで、発展の妨げとなるものを作る、おびただしい機会がある。他人に負担をかけて自分本位の満足を手に入れたり、利己的なことを企てたりしたとき、私たちは自分の発展を妨げている。だれかに物質的な苦痛を与えても、心理的な苦痛を与えても、私たちの進歩の妨げになる。

霊界で、人間は自分の人生をもう一度生きる。喜び・苦しみのすべてを逆のかたちで、もう一度生きるのである。他人に与えた快・苦を、自分のなかで体験しなければならない。かつて相手が体験したことをすべて、自分が体験する。自分が相手のなかに入って、同じ体験をするのだ。かつて相手を苦しめたことがあると、その人が感じた苦痛を、今度は自分の心のなかで感じなければならない。そのように、自分の人生を誕生の時点へと遡っていく。臨終のときの体験から始まって、三倍の速さで、誕生までを逆の順序で体験していく。生涯のうちで関係のあった人々すべてのなかに入り込んで、それらの人々に対して行なったことを、相手の側から体験するのだ。誕生の時点にいたると、天国に達する。

霊界を通過していくとき、人間は進歩の妨げを取り除く刺激を受ける。一つずつ、心の発展の妨げとなるものを心は捨てていく。そして、心の発展の妨げとなったものを埋め合わせる意志衝動を心は受け取る。その意志を心は来世で実現する。

霊界を通過すると、心の高貴な部分を低次の部分から取り出すことができる。取り残された心は死骸になる。それが高貴なものにできなかった、低次の衝動・本能だ。

人間が魂によって清めず、秩序を与えなかった心の部分である。この心の死骸は霊界を漂い、有害な影響を与える。この心の死骸は次第に消えていく。魂によって手を加えず、精神化しなかったものは、霊界を通過したのち解消されるのである。自分の性向・激情を放置していた人の場合、心はゆっくりと消えていき、生まれ変わりへの途上にあるときに、まだ心の死骸が消え去っていないこともある。その場合、前世の不完全さを含んだ心の死骸が、新しい心のなかに入り込む。

さらなる歩みにおいて、死者は心の精髄を携えていく。自分の力によって高貴にしたものが心の精髄を形成する。霊界の終わりに人間は魂であり、魂のまわりに心の精髄と生命の精髄と良い意志衝動がある。

魂のゆくえ

新しい状態が始まる。苦悩から解放された天国での魂の生活だ。イメージと色彩の世界のなかに、天国の音楽が響いてくる。地上を成り立たせているのは天国の力だ。天国は音を発する世界である。

天国の大陸には、物質の原像がある。鉱物の原像、植物・動物・人間の物質形態の原像である。天国の大陸には、鉱物のすべての形態が含まれている。天国では、あらゆるものが陰画のように見える。地上の物体があるところは何も見えず、空《から》になっている。そのまわりに霊的な力が生命的な光のように存在している。人体の周囲が光を発し、体がある部分は空白になっている。天国へと上昇する意識にとって、物質は本質的なものではなく、そのまわりに見える力が本質的なものだ。すべてが補色で見える。地上の物体のなかに存在するものが天国の大陸を作っている。

天国の大洋には、生命の原像がある。春の桃の花のような色の生命が規則正しく流れている。天国全体を、流動する生命が貫いている。

天国の大気圏には、感情・快・苦のなかに生きているものが流れている。物質界で私たちの内面にある感情・喜び・悲しみが外に現われ出ている。地上で抱いた感情のすべてが天国で自分の周囲に見出される。地上で考えたこと、地上で体験した感情すべてが天国では事物の姿をとって現われる。人間と動物の感じるものから、天国に大気圏が形成されている。心のなかに生きる苦しみ・喜びが天国の空気を作る。すばらしく好ましい音楽が天国の大気圏を貫いている。

地上の大陸・大洋・大気に熱が浸透しているのと同じように、天国の三つの領域に思考が浸透している。思考は天国で、形態・本質として生きている。死者が交流できる神々が熱のごとく、天国全体に満ちている。

人間は霊界で物へのつながりを捨てた分だけ、意識が明るくなる。物への願望が強ければ、死後の生活において意識が曇る。物への執着をなくしていくにつれて、曇っていた意識が明るくなっていく。そして、死者は天国を意識的に体験する。

霊界から天国に入ると、死者はまず自分の体の原像を見る。自分の体を自分の外にあるものとして死者は見る。このことによって、死者は自分が霊界から天国に歩み入ったのを知る。天国における最初の印象は過ぎ去った人生における自分の体を自分の外に見ることだ。もう体という桎梏に捕らわれていないことが、至福の感情を生み出す。この体は天国の大陸に属する。

地上では、生命は数多くの存在に分配されている。天国における生命は一個の全体として現われる。すべてを包括する一個の生命が天国に現われている。人々を結び付けるもの、調和するものを、死者は天国で体験する。

死者が地上で抱く喜びと苦しみは天国では気候のように現われる。かつて心が体験したものがいまや大気圏として死者のまわりに存在する。天国の下部領域＝有形天に植物群の意識・霊魂があり、上部領域＝無形天に鉱物界の意識・霊魂が存在する。下部領域で、死者は植物群の霊魂とともに、植物界を変化させる。神々の指導下に、死者が天国から、地球の変容のために働きかけている。死者は光で織られた体を持っている。死者たちが光として地上の植物に降り注ぎ、植物の周囲を漂う。

地上で作られた人と人の関係は天国でも続く。故人に愛の思惟を送ると、亡くなった人との関係を深めることができる。

地上・霊界・天国はたがいに離れているのではない。私たちが生きている空間のなかに、霊界も存在する。私たちは地上に生きていると同時に、霊界と天国のなかにも生きている。

生まれ変わる私

地上で知覚器官は、外的な素材によって作られる。私たちの体は周囲から作られたものだ。天国で周囲から霊的な器官が人間に形成される。天国で人間は絶えず何かを周囲の生命から受け取り、周囲の要素から霊体を作る。

天国の第一領域では、地上に物質的に存在しているものが陰画の形で見える。ここで、死者は前世の体のイメージを訂正し、来世の体のイメージを作り出す。

第二領域には、赤みがかった藤色の生命の流れが植物形態から植物形態へ、動物形態から動物形態へ、川の流れのように脈打っている。第一領域で作った体のイメージに生命を与えるために、この生命の流れが用いられる。

第三領域では、かつて自分のなかにあった感情が天候のように、まわりに現われる。ここで、第一領域で作った体のイメージに心が吹き込まれる。

死者は自分の霊体の様々な部分が次々と生成されるのを感じる。この生成を死者は天国を遍歴する際に至福と感じる。

死者は天国で自分の原像を作る。この原像は構築されると、地上にふたたび現われようとする。この原像が凝縮して、物質的な人間になる。死後、天国に滞在するたびに、死者はそのような原像を作ってきた。地上の人生の果実として天国にもたらす生命の精髄がそのなかに取り込まれていく。死者は過ぎ去った人生の精髄を天国に携えていき、それに従って新しい自分を作る。

地表が変化して、新しいことを体験できるには、一〇〇〇～一三〇〇年を要する。人間は同じ様相の地上に二度生まれることはない。心は新しいものが学べるまでは、地上に下らない。二一六〇年が経つと、地上の状態は一変する。太陽が黄道十二宮の一つを通過するのに要する二一六〇年間に二回、一回は男、一回は女として生まれる。人間が地上に生まれるたびに、地表は変化している。地球は新たな文化と状態を人間に提供する。

生まれ変わるべき時期が来ると、死者は天国で作った原像に従って心をまとう。生まれようとする人間は、心に適した生命と体を与えてくれる両親を探して駆け巡る。そして人間は、その元像に適した体を与える両親のところへ、神々によって導かれる。それらの神々は、その元像に最も適した民族・人種に人間を導いていく。両親が与える体は、生まれようとする心と魂におおよそしか適さないので、体と心のあいだに、神々によって生命が入れられる。神々が人間の萌芽を両親のところに導き、心に適した生命、両親が提供する体に適した生命を作る。生命を通して、地上的なものと天から与えられたものとが適合する。

天国から人間は霊界に下っていき、新しい心を付与される。分散している心の実質は前世で心が獲得したものに見合う諸力に引き付けられ、形を整えられる。心のみを有して地上に下っていく人間は鐘のような形に見える。中心が黄色で、赤や青など、さまざまな色に包まれた鐘の形をしたものが霊界を飛ぶように駆け抜けていく。これが誕生への途上にある人間の萌芽だ。よい前世を送った人とそうでない人とでは、異なった心の実質を集める。人間は自らの性質を通して、心をまとう。生命を通して、民族・家族に引き寄せられる。心が人間を母親に引き寄せる。魂は父親に引き寄せられる。妊娠後三週間までに、心と生命は胎児に結び付き、活動を始める。子どもは生まれる前から、母親に愛情を抱いている。子どもは自分に最もよく似た両親のところに生まれる。

生命のなかに入りながら、まだ体とは結び付いていないあいだ、生まれる直前に、人間は来たるべき人生を前もって見る。

生命を得るとき、生命が組み込まれるときに、これから入っていく人生を予告する画像を見るのである。

補遺1――人間の成長

生まれる前、体は母親の身体の一部だ。誕生すると、体は自由になる。七歳まで、生命と心は体の構築のために働く。最初の七年間に子どもが見聞きすることはすべて、五感をとおして子どもに働きかける。大人がどのようなあり方をするかが、七歳までの子どもに作用する。七歳ごろ、生命は自由になりはじめ、外的な印象を受け取れるようになる。生命は記憶・習慣・気質・性向の担い手だ。この時期に何らかの習慣が性格を貫いていないと、子どもは落ち着きがなくなる。この時期には、人間の生涯をイメージで表わすよく考えられた童話や物語が力強く作用する。この時期の子どもに向かい合う教師は自然な権威を身につけていなくてはならない。一四歳から二一歳になると、心が自由になる。ものごとを概念で把握できるようになっていく。

補遺2――霊界の特徴

事物がすべて逆の姿で現われるのが霊界の特徴だ。霊界を見るときには、すべてを逆にしなくてはいけない。心眼が開けたとしてみよう。そのとき、まず自分が発している衝動や情熱が目に入るのだが、それらが様々な姿で、あらゆる方角から自分のほうに向かってくるように見える。すべてが鏡にうつった姿のように逆になるのだ。時間も逆に流れている。霊界は、形と色からできている色彩の海だ。色は炎のように、自由に大気中を漂っている。霊界には、イメージの満ち引きが見られ、この色彩の海は常に線と形を変えている。これらの色彩イメージを通して、神々が現われる。

だれかのことを悪く思うと、その人の心に向かって矢や稲妻が発せられる。人について真実を考えると、その人の生命を強め、嘘を語ると、相手に破壊的な作用が及ぶ。

動物の意識は霊界に存在している。霊界に入ると、動物の「群れの霊魂」を知ることになる。死者は動物の霊魂と共同して、動物界を変化させる仕事をする。

補遺3――カルマ

愛に満ちた思考は萼《がく》のような形の光になって、愛情をこめて生命と心の上に漂い、活気と祝福を与える。憎しみのこもった思考は矢のように生命と心に突き刺さる。嘘を語ると、その思考の形象は事実から発した形象と反発しあい、相互的な破壊作用が生じる。

性向・気質・性格など、継続的なものはすべて天国まで達する。私たちの思考が生み出す形象は、絶えず天国の明暗を変化させる。人間が考え・感じ・知覚したものは、霊界に組み込まれる。多くの真実を考えたら、転生への過程で優れた心を獲得できる。

人間が行なった行為は宇宙の記憶が存在する最高天の力とともに、自分がどこに生まれるか決定する。

特に内面に触れることなく外界で体験したことは、生まれ変わるに際して心に作用し、その体験に適った感情・知覚・思考の特性を引き寄せる。体験・経験は来世で心に刻印されるのである。人間が知覚し、感じたもの、快・苦、心の内的体験は再誕に際して生命に作用し、永続的な性向を生み出す。現世で生命に担われている持続的な性格・素質は、来世で体のなかに現われる。愛・共感を発達させると、いつまでも若い体になる。反感・批判・憎しみに満ちた人生を送った人の体は、早くから年老いる。苦痛・苦悩を克服すると、来世で、その苦痛・苦悩が叡智・思慮・洞見の源になる。苦痛を静かに耐えると、来世で叡智が創造される。

心のなかに生きている喜び・苦痛・快さ・苦しさは、来世で生命のなかに現われる。生命に根付いた永続的な衝動・情熱は、来世で体のなかに体質として現われる。地上で体を用いて行なったことは、外的な運命として来世に現われる。

地上での私たちの行為と来世における私たちの外的な運命は関連している。前世の行為が、外的な運命を定める。人間は多くのことを学ぶ。多くの表象・観念・感情・経験を受け取る。それらすべてが心を変化させる。気質や性格は生命に関連しており、ゆっくりとしか変化しない。心を変化させる表象・感情などは、来世で生命のなかに変化を呼び起こす。生命の特性である気質は前世に由来するものだ。

胆汁質の人は強い意志を持ち、勇敢・大胆・意欲的で、多くのことをしようという衝動を持っている。憂鬱質の人は自分自身に関わり合う。粘液質の人は何に対しても興味を抱かない。空想に耽り、不活発・不精で、感覚的な快楽を求める。多血質の人はあらゆるものに興味を刺激されるが、長続きしない。すぐに気が変わり、しばしば好みを変える。

前世で小さな社会サークルのなかに生きることを強いられ、いつも自分のことだけに関わり、ほかのものに対する関心を目覚めさせることができなかったときに、特に憂鬱質が現われる。反対に、前世で多くを学び、多くのものごとに出合い、それらに熱心に関わり合った人は胆汁質になる。苦労や闘争のない、ゆったりした人生を送った人、あるいは、多くのことが生じても、それを見ているだけで、関わり合いにならなかった人は、それが来世で生命の基本的な本性に移行し、粘液質か多血質になる。

心が繰り返し納得することによって、その志向が生命のなかに永続的な特徴として形成される。生命のなかで進行することは、来世で体のなかに存在するようになる。いまの生命の性向と習慣は来世において健康あるいは病気の傾向を作る。ある人生における病気はつぎの人生における体の美しさとして現われる。美は苦悩・苦痛・欠乏・病気から発展する。

だれかが人に何かをしたら、その二人のあいだで清算がなされなくてはならない。そのためには、当事者がふたたび同じ時代に生きなくてはならない。

悪いことをした人は死後、まずその出来事を目のあたりにするのだが、そのときは自分が人に与えた苦痛を感じない。けれども、霊界に入って人生を逆にたどっていくときに、ふたたびその出来事に遭遇する。今度は、人に与えた苦しみを、自分が体験しなくてはならない。自分が苦痛を与えた相手のなかに入って、その出来事を体験するのである。自分が苦痛を与えた人の感情を味わう。その感情は心のなかに刻印される。その苦痛から収穫が得られる。他者のなかで体験したものの成果として、力が自分のなかにとどまる。そうして、多くの力をもって天国に入っていく。その力は、ふたたび地上に生まれるときに、かつて何かをともに体験した人々すべてに出会わせる力として働く。原因と作用が、人生から次の人生へと伝播していく。自分が今日体験するものは、かつての人生に原因がある。自分が今日行なうことは、来世における自分の運命を作る。「原因のないものはない」というのが真実であるように、「作用を引き起こさないものはない」というのも真実だ。

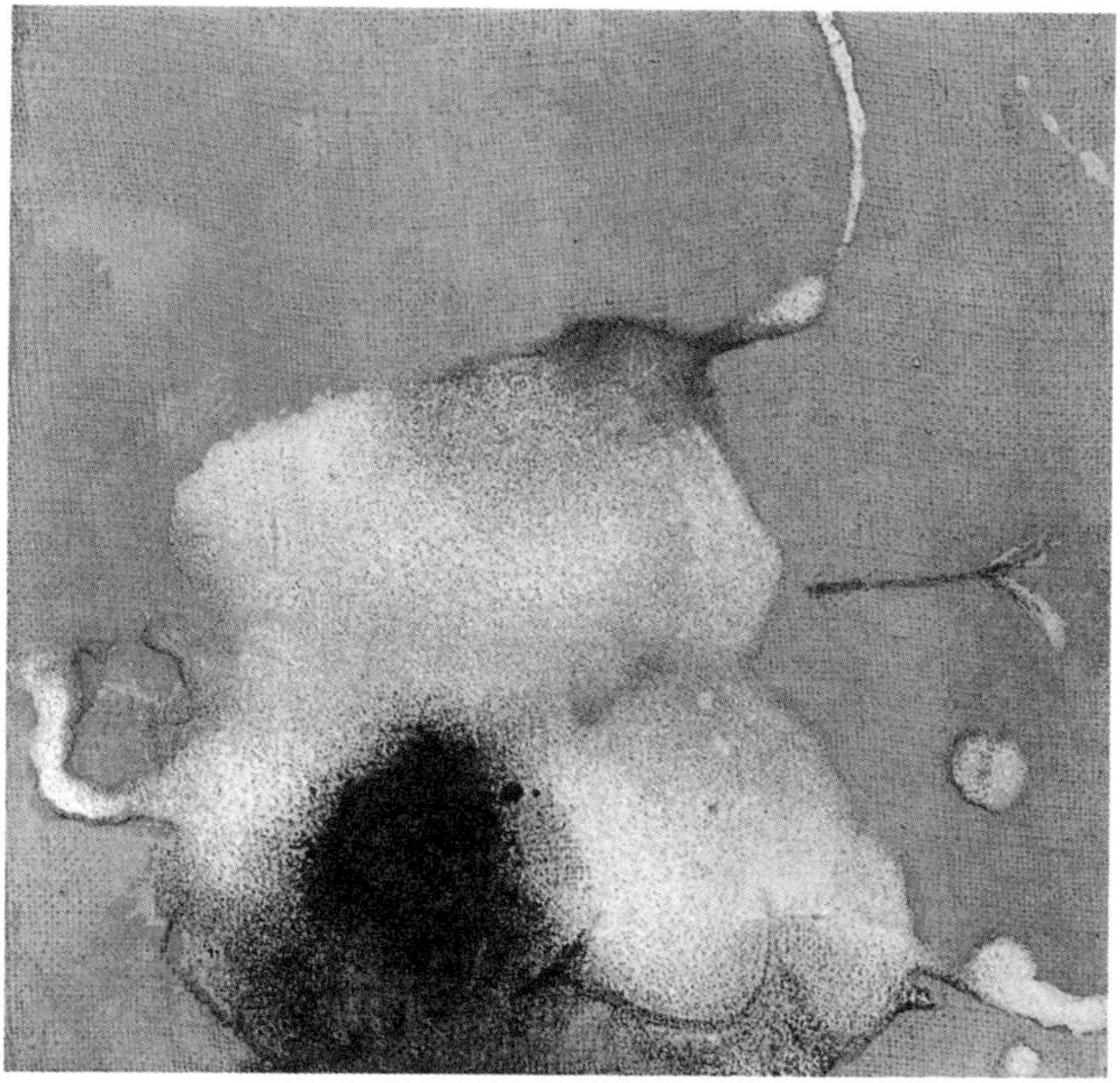

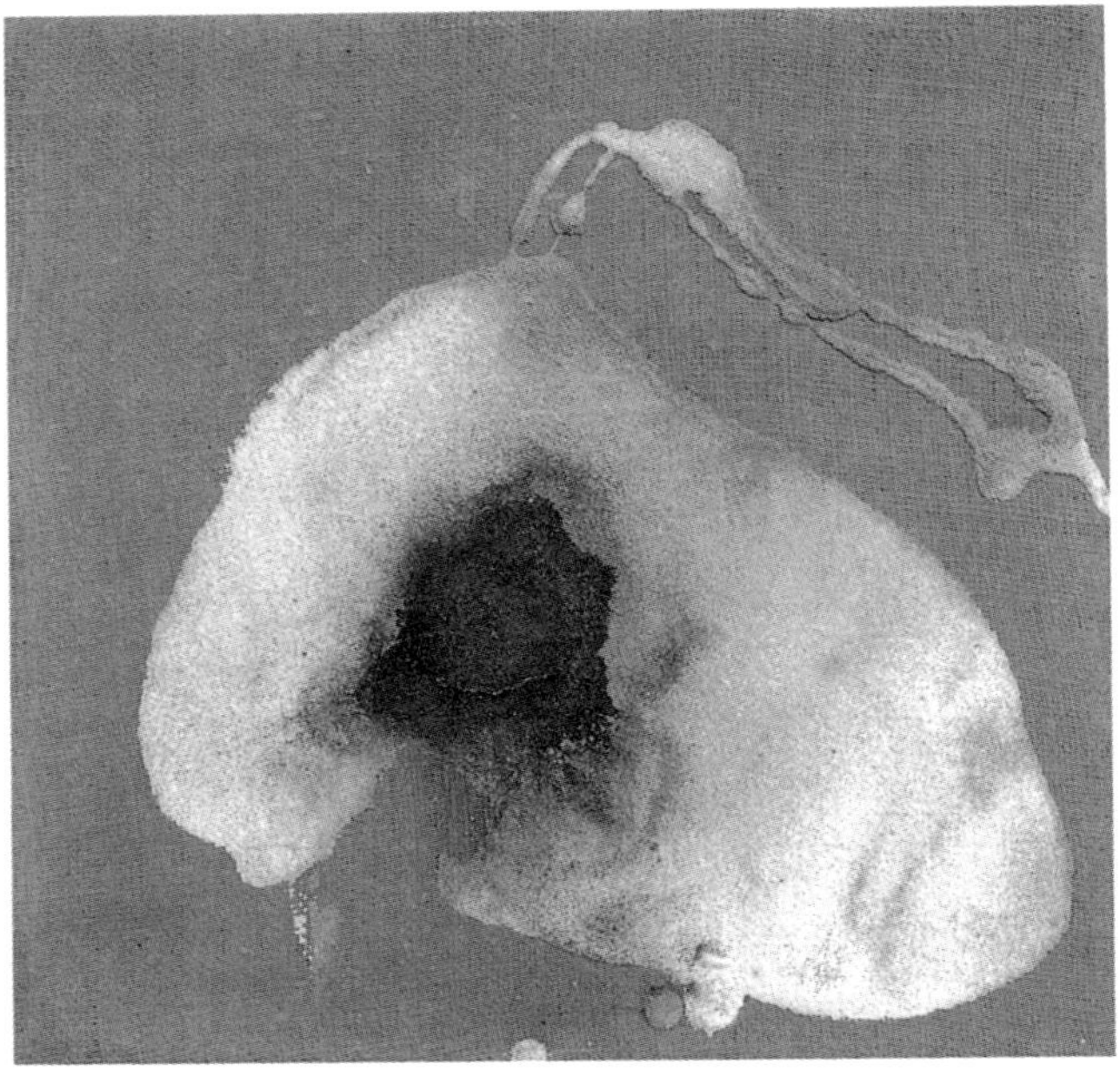

基本・人智学スタディー

天を洞察することによって、地上の生活は価値と意味を得る。その洞察がないと、結果のなかを手探りで進むしかない。洞察すれば、人生の原因を認識できる。超感覚的な認識によって存在の謎が解明されると、人間は心の安定を得ることができる。天に通じていないと、人生の意味に関する問いに答えることができない。

視力が強化できるように、認識力は修行を通して高めることができる。そのようにして高められた認識力によって、感覚に縛られた思考には隠された世界に精通していける。

直観だけでは、精神についての識者にはなれない。よい目、よい耳を持っているだけでは学者になれないのと同じである。また、地上を注視しない者が天界を明瞭に認識することはできない。地上のことがらに無知な人は、天界のことがらについても無知にとどまる。自然観察を通して自分の観察力を鍛えていないと、天界について非科学的にしか語れない。修行だけを行なう者には、天界は不確かな存在となる。

精神的なものとのつながりがなくなると、人間の生命・内面は荒廃する。精神的なものから生命を汲み取っていないと、人間は枯渇していく。

人間の身体

人間の身体は単なる物質ではない。生物は生命のない物質・鉱物とちがって、生殖・成長する存在だ。超感覚的に見ると、「形成する生命力」＝「生命に満ちた霊的形態」が知覚される。

人間の身体は物質的な体と、その体を生かしている生命からなっている。生命ある身体から生命が離れ、物質的な力に委ねられると、体は崩壊する。生命が体を崩壊から守っているのだ。活動中の体と生命には破壊的な力が働きかけ、睡眠中は構築的な力が働きかける。

生命は体を形成する力であり、記憶・習慣・気質・性向・良心の担い手、持続する欲念の担い手だ。

そして、思いの場＝心がある。

人間の心魂

外界の印象を感じ取る活動の源泉は「感じる心」だ。

人間は多くの場合、自分の感覚的な欲望（感じる心の要求）を満足させるべく思考している。人間は便利で快適な生活、つまり、「感じる心」にとって心地よい生活を実現するために思考している。けれども、人間はそこにとどまらず、自分の感じたものについて考え、外界を解明する。思考は心を単に「感じる心」が属さない法則性のなかに引き入れる。そのような思考をするのが「知的な心」だ。

思考は感覚的な欲求を満たすためにも使われるが、精神的な思惟に向かうこともできる。星空を見て感動するとき、その感動は個人特有のものだ。星について考え、星の運行法則を明らかにしたら、その思考内容は客観的な意味を持つ。思考を通して認識された内容は個人から独立して、万人に通用するものとなる。

心のなかに輝く永遠のものは「意識的な心」と名づけられる。魂が意識される場であり、精神が輝き入っているところだ。この意識的な心が心のなかの心、精神的な心である。

「知的な心」は感受・衝動・情動に巻き込まれることがあり、自分の感じたものを正当なものとして通用させようとする。真理は個人的な共感・反感に左右されない。そのような真理の生きる場が意識的な心だ。

体は心に限界を与え、魂は心を拡張する。「知的な心」は真と善を受容すると大きくなる。自分の好き嫌いのままに生きれば、「知的な心」は「感じる心」と同様の大きさになる。

人間の精神

心の中心は魂である。体と心は魂に仕える。魂は精神に帰依し、精神が魂を満たす。魂は心のなかに生き、精神は魂のなかに生きる。

魂を形成しつつ、魂として生きる精神は、人間の自己として現われるから、「精神的な自己」と呼ばれる。

自己は天界と物質界に向き合っている。物質界は感覚によって知覚され、天界は直観をとおして現われる。心、あるいは心の内に輝く魂は身体的側面と精神的側面に向けて扉を開いている。感覚的な知覚は魂のなかでの物質界の開示であり、「精神的な自己」は魂のなかでの天界の開示だ。

地上に物質的な体があるように、天に霊的な体がある。物質的な体に生命が浸透しているように、霊的な体に精神的な生命が浸透している。心の核としての魂が衝動・欲望を支配できるようになると、心のなかに「精神的な自己」が出現する。「精神的な自己」は「変容した心」と言える。同様に、精神的な生命は変容した生命であり、物質的な体が変容したのが霊体だ。

人間の本質

人間が死ぬと、体の形態は次第に消えていき、体は鉱物界の一部になる。体は、自らのなかにある鉱物的な素材と力によっては、形態を保てない。形態を保つためには、体は生命に浸透されていなくてはならない。人間が生きているあいだ、体を崩壊しないようにしているもの、体のなかに存在する鉱物的な素材と力に一定の形・姿を与えるものが生命だ。

生命の力は意識の光を輝かすことはできない。生命は自らに没頭するなら、絶えず眠っていなくてはならないだろう。繰り返し人間を無意識の状態から目覚めさせるものが心だ。ものごとの印象を感じるのが心であり、感受とともに喜怒哀楽が生じる。人間が目覚めているとき、生命は心に浸透されている。

人間は動物とちがって、体に由来しない望みや情熱を抱くことができる。その望みや情熱の源泉は魂にある。内的体験の転変のなかに持続的・永続的なものがあることに気づくと、個我感情が現われる。

生命に結び付いていないと、体は崩壊する。心に浸透されていないと、生命は無意識に沈む。同様に、魂によって現在へともたらされなければ、心は忘却のなかに沈む。心には意識が特有のものであり、魂には記憶が特有のものだ。

現存する対象についての知を呼び起こすのは感受の働きであり、その知に持続性を与えるものが心である。この両者は密接に結び付いており、感受と心が一体になっているのが「感じる心」だ。

魂は対象そのものから離れ、自分が対象についての知から得たものに活動を向けるとき、感じる心よりも高い段階にある。そのような活動をするのが「知的な心」だ。知的な心も、感じる心と同様、関心は外界、つまり感覚によって知覚されたものに集中している。知的な心は魂の性質を分有しているけれども、魂の精神的本性をまだ意識していない。

心が自分を魂として認識するとき、人間のなかに住む神が語る。心の第三の部分は自らの本質を知覚したとき、神的なものに沈潜する。この第三の部分、「意識的な心」において魂の本性が明らかになる。魂はこの部分をとおして知覚される。意識的な心のなかに一滴のしずくのように入ってくるのが永遠の魂だ。

魂は心に働きかけることができる。知的な進歩、感情と意志の純化は心を変化させる。魂によって変容させられた心が「精神的な自己」だ。

魂は生命にも働きかける。性質・気質を魂が変化させるとき、生命に働きかけている。宗教的な信条は心のいとなみのなかに確固とした秩序を生み出す。また、芸術作品の精神的な基盤に沈潜することによって魂が受け取る衝動は生命にまで働きかける。この働きかけによって、生命は「生命的な精神」へと変化していく。

魂は物質的な体に秘められた精神的な力と結び付いて、物質的な体を変化させることもできる。変容した体は、物質的な人間に対して、「精神人間」と呼ばれる。

心霊の世界

心の特性、衝動・欲望・感情・情熱・願望・感受などは心霊の世界に由来する。心霊の世界は地上よりもずっと精妙・動的・柔軟であり、物質界と根本的に異なっている。心霊の世界に物質界の法則を当てはめようとすると、間違う。心は一方では体、他方では魂に結び付いており、そのために、体と魂の影響を受けている。

心霊の世界の存在は心的な素材からなり、心霊の世界を「欲望・願望・要求の世界」と呼ぶことができる。心的な存在は、親和性があると相互に浸透し、相反するなら反発しあう。そして、地上の空間的距離とは異なって、内的本性（好き嫌い）による距離を示す。

心霊の世界の存在には、共感の力と反感の力の作用が見られる。他のものと融合しようとする共感の力と、他を排して自分を押し通そうとする反感の力だ。共感・反感がどう作用するかが、心霊の世界の存在の種類を決める。

反感が共感にまさっている段階では、周囲の存在を共感の力によって引き付けようとしても、反感が内にあって、周囲にいるものを押しのける。その結果、自分のまわりの多くのものを突き放し、わずかなものだけを自分のほうに引き寄せる。近寄ってくる多くのものを反感が突き放し、満足しようがない。この段階の存在は、変化しない形態で心霊の世界を動いている。この存在の領域が心霊の世界の第一領域、「欲望の炎の領域」だ。

心霊の世界の第二段階の存在には、共感・反感が同じ強さで作用している。共感・反感が均衡を保ち、周囲のものに中立的に向かい合う。自分と周囲のあいだに、はっきりした境界を引かず、周囲のものを自分に作用させ、欲望なしに周囲のものを受け入れる。このような心の領域が「流れる刺激の領域」だ。

第三段階の存在においては、共感が反感にまさっている。けれども、共感の力の及ぶかぎり、あらゆるものを自分の領域に引き入れようとするので、この共感は自己中心的だ。この存在の領域が「願望の領域」である。

第四段階では、反感が完全に退き、共感だけが作用している（反感があるかぎり、その存在は自分のために他のものと関わろうとしている）。ただ、この段階では、共感が存在自身の内だけで作用している。「快と不快の領域」だ。

以上の四領域が心霊の世界の下部をなしている。

第五・六・七領域では、共感の作用が存在を越え出ている。第五領域は「心の光の領域」、第六領域は「活動的な心の力の領域」、第七領域は「心の生命の領域」である。これらの三領域が心霊の世界の上部を形成している。

＊

体の調子がよいとき、心は心地よく感じる。逆の場合は、不快だ。同様に、魂も心に作用する。正しい思惟は心を爽快にし、誤った思惟は心を不快にさせる。

心が魂の表明に共感すればするほど、人間は完成する。心が体の活動によって満足させられていると、その人は未完成だ。魂が人間の中心であり、人間は自分の働きのすべてが魂によって方向づけられないと、自分の使命を達成できない。

体は魂が物質界を認識し、地上で活動するための仲介役を果たしている。体が知覚したものを心が体験し、それを魂に伝える。一方、魂が抱く考えは、心の中で実現への願望となり、体を用いた行為になる。

死後、魂は体から離れても、心とは結び付いている。そして、体が魂を物質界につなぎとめていたように、心が魂を心霊の世界につなぎとめる。私たちが眠くなると、体は心と魂を離す。同様に心は地上的・身体的なものへの執着を脱すると、魂を精神の国へと解き放つ。死ぬときに地上的な欲を捨て切っていれば、人間は死後ただちに精神の国に向かえる。

死の後、心は物質への執着を解消するための期間を過ごすことになる。物質への執着が強い場合は、その期間は長く、そうでない場合は短い。その期間を過ごすのが「欲望の場所」である。そこを通過するうちに、「体によって満足させられる欲望に拘ることは無駄だ」と、心は悟っていく。そして、物質的・身体的な関心が心から消えていく。心が心霊の世界の高次領域、すなわち共感の世界に入っていき、利己心が消えて、心霊の世界と一体になったとき、魂は解放される。

魂は地上に生きることを通して、自らを体と同一視することがある。だが、それよりも、魂と心の結び付きのほうが強固だ。魂は心という仲介物をとおして体と結び付いているのだが、魂と心はじかに結び付いているからだ。

心霊の世界の最初の領域に入った死後の心は体の営みに関連する粗雑で利己的な欲望を消滅させていく。物質生活への欲望を捨てられずにいる心は満たしようのない享受を求めて苦しむ。

地上では、欲望は満足させられると、一時的になくなったように見える。けれども、欲望が消滅したわけではない。幾日か経つと、また欲望が生じる。その対象を入手できないと、欲望は高まる。

死後、心に染み付いた身体的な欲望は、満たされないので、高まることになる。心霊の世界の第一領域で、欲望はその高まりによって燃え尽きていく。これが浄化だ。

生前、身体的な欲望から自由だった人は死後、心霊の世界の第一領域を苦しみなく通過していく。一方、身体的な欲望への執着が強かった心は死後、この領域に長く引き留められる。

心霊の世界の第二領域は人生の外的な瑣事への没入や流れゆく感覚の印象の喜びによって生じた心の状態に関連する。そのような欲求も感覚的・物質的な事物が存在しない心霊の世界では叶えようがないので、消えていかざるをえない。

第三領域の性質を持つ心は自己中心的な共感を有し、その共感の力によって対象を自分の中に引き入れようとしている。この願望も成就できないので、次第に消えていく。

第四領域は、快と不快の領域だ。地上に生きているときは、快・不快が身体と結び付いているので、人間は体が自分であるかのように感じる。この「自己感情」の対象である体が失われると、心は自分が失われたように感じる。死後、心霊の世界の第四領域で、「身体的自己」という幻想を打ち砕く必要がある。

自殺者は体に関する感情を心の中にそっくり残している。体が次第に衰弱していったのではないので、死は苦痛を伴う。そして、自分を自殺へと追い込んだ原因が死後も当人を苦しめる。

心霊の世界の第五領域は周囲に対する心の喜び・楽しみに関連している。心は自然のなかに現われる精神的なものを体験することができる。けれども、感覚的に自然を楽しむこともある。そのように感覚的に自然を享受する心の性質がここで清められる。また、感覚的な平安をもたらす社会を理想とする人の心は利己的ではないのだが、感覚界を志向しているという点で、この第五領域で浄化される。心は第五領域で「楽園」に出会い、楽園の空しさを悟ることになる。地上の楽園であれ、天上の楽園であれ、宗教を通して感覚的な安楽を要求する人々の心が浄化される。

第六領域では、利己的ではなく、理想主義的・自己犠牲的に見えながらも、感覚的な快感の満足を動機とする行動欲が浄化される。また、面白いという理由で芸術・学問に没頭している人は第六領域に属する。

心霊の世界の第七領域では、人間は「自分の活動のすべてが地上に捧げられるべきだ」という意見から解放される。こうして、心は完全に心霊の世界に吸収され、魂はすべての束縛から自由になって、精神の国に向かっていく。

精神の国

精神の国は思考を素材として織りなされた領域である。地上の人間の思考は精神の国を織りなす思考素材の影である。物質界は現象・結果の世界、精神の国は原因・発端の世界だ。

精神の国には、地上と心霊の世界に存在するものたちの原像が生きている。その原像は創造的であり、精神の国は絶えざる活動の世界である。それらの原像は協力しながら創造している。

心霊の世界では、さまざまな神霊が色・形で現われ出ている。精神の国に入ると、原像が響きを発する。

精神の国も七領域に区分される。第一領域には、無機物の原像がある。鉱物の原像であり、植物・動物・人間の物質体の原像である。地上では、大気中に物質が存在している。精神の国では、物質の存在しているところが空《から》になっており、その周囲の空間に、物質を創造するものたちが活動している。この領域が精神の国の大陸だ。

第二領域には、生命の原像が存在する。思考を素材とする生命が流れており、生命は調和ある統一体をなしている。大洋領域である。

精神の国の第三領域＝大気圏には、心の原像がある。地上と心霊の世界における心の活動が、この領域に天候のように現われる。

第四領域には、精神の国の第一領域・第二領域・第三領域の原像を統率し、秩序を与える原像が生きている。第四領域は、思考の原像の世界だ。

第五領域・第六領域・第七領域は、精神の国の上部領域である。精神の国の下部領域の原像に、原動力を与えるものたちの領域だ。この領域に達すると、人間は宇宙の基盤にある意図を知る。この領域には、言葉が響いている。この領域で、あらゆるものが「永遠の名」を告げる。

＊

人間の魂は死後、心霊の世界を遍歴してから精神の国に入り、新しい体が生成されるまで、そこにとどまる。精神の国に滞在する意味を知るには、輪廻を理解する必要がある。過ぎ去った人生の果実は人間の精神的な萌芽に摂取される。そして、死んでから生まれ変わるまで滞在する精神の国で、その果実は熟する。その果実は熟して素質・能力となり、新しい人生のなかに現われる。地上での人生で獲得した果実が精神の国で熟すと、人間は地上に戻る。

人間は地上で、「精神存在」（精神の国の使者）として創造活動を行なう。地上で活動するための意図・方針は精神から来る。地上での活動の目的は、地上に生まれる前に精神の国で形成される。精神の国で設計したプランにしたがって、地上での人生が歩まれる。魂のまなざしは常に、自らの地上的な課題の舞台に向けられている。地上での活動が人間の魂の課題なのだが、体に宿る魂は繰り返し自分自身の領域つまり精神の国に滞在しないと、この世で「精神存在」でありつづけることができない。

人間の魂は精神の国の諸領域の本質に浸透されることによって成熟していく。

精神の国の第一領域は物質の原像の世界。その原像は地上の事物を生み出す「思考存在」だ。この領域で、人間は自分の遺骸・物質的身体を外界の一部として認識する。精神の国の第一領域では、家族への愛や友情が死者の内側から甦る。この領域を生きることによって、家族への愛や友情は強まっていく。地上でともに生きた人々を精神の国でふたたび見出す。地上でたがいに関係のあった者たちは精神の国で再会し、精神の国にふさわしい方法で共同生活を続ける。

精神の国の第二領域は地上の共通の生命が「思考存在」として流れているところである。地上では個々の生物が個別に生命を有するが、精神の国では生命は個々の生物に限定されずに、精神の国全体を循環している。その残照が地上で、全体の調和への宗教的な畏敬として現われる。

精神の国の第一領域で、死者は家族・友人と再会する。その関係を維持しながら、第二領域では、同じ信条を持つ者たちが集うことになる。

精神の国の第三領域には、心霊の世界の原像がある。心霊の世界に存在するものが、ここでは生命的な「思考存在」として出現する。ここでは、利己的な欲求が心に付着していない。地上で人々のために無欲に行なったことが、ここで実を結ぶ。地上で奉仕的な行為に専念するとき、人間は精神の国の第三領域の残照のなかに生きている。精神の国の第四領域には、芸術や学問など、人間の魂が創造するものの原像が存在している。地上で人間が日常的な領域を超えて従事したものすべてがここに由来する。生まれる前に、人間はこの領域を通過してきたので、地上で個人を超えた普遍的・人間的なものに向かえるのである。

精神の国の第五領域まで上昇すると、人間の魂はどんな地上的な束縛からも解放される。そして、精神の国が地上のために設けた目標の意味を体験できる。

第五領域で、魂としての本来の人間があらわになる。第五領域で、人間は本来の自己のなかに生きている。「精神的な自己」は、ここに生きている。ここで、前世と来世の展望が開ける。

第五領域と同質の精神性をあまり獲得しなかった人間は来世で苦しい人生を欲する。苦しみの多い人生が自分には必要だ、と精神の国の第五領域で思うのだ。

「精神的な自己」は、精神の国を故郷と感じる。そして、精神の国の観点が地上生活の基準になる。自己は自らを精神的宇宙秩序の一部分と感じる。自己の活動の力は、精神の国からやってくる。

死と再誕

死を考察することなしに、生の謎に迫ることはできない。天界を洞察することなしに、地上を真に認識することはできない。隠れたものの認識を通して豊かにされない世界考察は荒廃にいたる。

心は生命に身体形成への刺激・雛型を与え、生命が体の形態を維持する。一方、体と生命は心が外界を知覚するための器官を提供する。心は体と生命に結び付いているとき、意識的な知覚が可能だ。体という鏡に反射されることによって、心は意識化される。

睡眠中、魂と心は体および生命から離れている。体を維持する生命は睡眠中も体と結び付いているが、心は宇宙の故郷に帰っている。そこで心は形象を受け取る。目覚めるとき、心は新たに強められた力を携えてくる。夢を見ているときは、心は体から離れながら、生命と結び付いている。生命からも離れると、夢のない眠りの状態に入る。

＊

死も、人間を構成する要素が変化することによって生じる。睡眠時には、魂と心が生命と体から離れるが、生命は体に浸透している。死ぬと、生命が体から離れる。生命が離れるので、体は崩壊する。

死後数日間、生命と心は結合している。この状態で、人間は生前の記憶を映像として見る。自分の誕生から死までが、一連の映像として、一枚の記憶画像にまとめられて現われてくる。心は生前の記憶を有している。この記憶をまだ存在している生命が包括的で、いきいきとした映像として出現させるのが、死後の最初の体験だ。

体が存在していたとき、心は睡眠中に外から、疲労した肉体器官を回復させる働きをしなくてはならなかった。死によって体が失われると、その働きは不要になる。その働きに用いられていた力は心自身の経過を知覚するために用いられるようになる。生命オーラは体に一致する形を保っている間は、心（思いのオーラ）と結び付いている。その形は次第に失われていき、生命は心から離れていく。

人間には身体的な願望、精神的な願望、そして魂が人生を生きるあいだに物質界で作り出した願望がある。身体的な願望は体がなくなれば消え去る。精神的な願望は精神の国の開示のなかで満たされる。

魂は物質界で作り出した願望によって、物質界に楽しみを見出すようになる。魂が精神に仕えずに、体を使って満足させられる欲望に没頭すると、その欲望が死後も存在しつづけることになる。体はすでに失われているので、その欲望はかなえられず、充足への燃えるような渇きに苦しむことになる。そこから脱するためには、魂が体のなかで作り出した願望、精神的な世界に由来しないものすべてを根絶しなくてはならない。

体と生命を捨て去った人間が入っていくのは、「精神の焼き尽くす火」の世界だ。物質的な欲望がこの火によって焼き尽くされる。体に由来する欲望は死後の意識的な知覚を妨げる。

心と魂からなる人間が入っていく心霊の世界は「浄化の世界」である。死者は生前の人生を逆向きに追体験し、自分が他者に味わわせた感受を他者の側から体験する。そのように、臨終のときから誕生のときへと遡っていく。ここで、魂の物質的な欲望から発したものが苦痛をともなって知覚される。そのような欲望が焼き尽くす火によって根絶される。死後、生前の人生を遡って誕生の時点にいたったとき、欲望は浄化の火を通過し終っている。

＊

心霊の世界での浄化が終わったとき、新しい意識状態が現われる。生きているとき、人間は外界を知覚している。浄化の時期を通過し終ると、内面から精神の国が現われてくる。

精神の国で神々が人間の魂に働きかけるとき、その体験は色彩をとおして表象される。精神の国は内的に躍動する生命の世界であり、その生命は魂をとおして流れ出る音のように感じられる。さらに、言葉をとおして、精神の国の存在の内面が魂に告げられる。

地上の物質を形成する力が、精神の国の第一領域で知覚される。地上で物質が満たしている空間は、精神の国では空洞に見え、その物質形態を作り上げる力が知覚される。また、その物質は補色で現われる。この領域が精神の国の陸地をなしている。

生命が精神の国の海になっている。この流れる生命は音響のように知覚される。第二領域である。

地上に感情として現われるものが精神の国の第三領域＝大気圏をなしている。地球を空気が包んでいるように、吹きわたる言葉が精神の国を包んでいる。

そして、精神の国には思考が浸透している。活動的な「生命存在」としての思考である。人間の思考の本来の姿が、精神の国の第四領域で姿をあらわにする。

精神の国の第五領域には、叡智を開示する光がある。

素材の面から見ると、体は物質界の力によって作られ、生命は生命界の力、心は心霊の世界の力によって作られる。形成する力の源に目を向けると、精神の国の第一領域で魂が知覚するのは、人間の体を作る諸力だ。第二領域では、生命を構築する力が知覚される。第三領域には、心を構築する力が流れている。それらの力は、人間が精神の国に持ち込む、人生の果実と共同する。死の直後に記憶像を見たあと、生命は捨てられるが、その記憶像のなかから、魂の不滅の所有物が残る。それが人生から得たエキスだ。魂は物質界の成果をたずさえて精神の国に入っていき、精神の国の力を吸収して成長していく。

＊

睡眠中に魂と心が精神の国から受け取るものによって、人間は昼間に使い果たした力を回復させる。死後、体・生命・心が捨て去られたあと、魂が精神の国から受け取る力は疲労の回復ではなく、新たな人体形成のために使われる。まず、魂のまわりに心が形成される。心は生命と体を求めて、内面の開示から目をそらす。こうして、人間は無意識に陥る。神々が人間の心を両親になるべき人たちのところに導き、生命と体が与えられる。

生命が組み込まれる前に、来たるべき人生が予見される。このとき、前世で自分の進化を妨げたもの（自分の未熟な思念・言動）があらわに示される。ここで目にするものが、新たな人生における前進の力の出発点になる。

来世のための体の設計が死後の唯一の仕事なのではない。死後の人間は地表の変化にも働きかける。植物に注ぐ日光のなかに、死者たちの力が作用している。精神の国から地上への作用とならんで、地上から心霊の世界・精神の国への影響も存在する。地上で作られた精神的な絆は死後も継続し、当事者を来世で再会させることになる。

人間は死後、浄化の期間を過ごし、生前の不適切な行為がさらなる進化のなかでどのような障害になるか、心的に体験する。その体験をしているあいだに、その行為の結果を改善しようという衝動が人間のなかで形成される。この衝動を人間は新しい人生にたずさえてくる。この衝動によって、かつての行為の結果を改善するのが可能な場所に自分を据える動きがその人のなかに作られる。こうして、人間は自分のカルマの改善にふさわしい境遇に生まれ、カルマを改善するのに適した体験に巡り合っていく。

宇宙篇・古代篇

体は人間の最も古い部分であり、最も完成されたものだ。体が最も長い進化を経てきたからである。生命はまだ完成していない。心は進化の途上にある。最も進化していないのが魂だ。体が一定の段階まで発展した時点で、体に生命が浸透した。体と生命がある期間融合したあと、心が加わり、最後に魂が付け加えられた。魂は将来、非常な高みに達する。

人間だけでなく、地球も進化しており、地球は四度の転生を経てきている。最初は熱状態、ついで空気状態、つぎに水状態、そして土状態である。この四つが顕現状態であり、それぞれの合間に消滅期がある。

熱惑星期

熱状態期（熱惑星期）には、熱だけがあった。熱惑星は響きを発し、外から来る光・音・匂い・味を反射していた。熱惑星で、人間の体の萌芽、感覚器官の萌芽が形成されていった。目や耳が形成され、喉は存在したが、話すことはできなかった。この人間の姿はオーラの卵のようだった。そのなかに小さな西洋梨のような形態があり、閉じた牡蛎の殻のような渦巻きがあった。生命・心・魂はまだなかった。鉱物・植物・動物もいなかった。熱惑星上には人間の体しかなく、心的・生命的な大気圏のなかに魂が眠っていた。魂は高みから体に働きかけた。大気圏のなかに生きていた魂は自分の本質を熱惑星に投げ入れ、そのことによって熱惑星上に発生したイメージから感覚器官の萌芽が作られていった。

魂は昏睡状態にあり、自らを下方へと投げ入れながら、その反射については何も知らなかった。魂は朦朧とした意識のなかで宇宙全体を自分の内に感じ、宇宙全体を反射していた。熱惑星期の人間の意識は漠然としていたが、包括的なものだった。朦朧とはしていても、宇宙の全知を開示する意識を人間は有していた。昏睡意識、今日の鉱物の意識である。

熱惑星期の最初の段階では、物質的な熱はまだなく、心的な熱があった。熱惑星の進化の中期に、熱から人間の体が形成された。「意志の神々」が自らの本質を、人体のために流出したのである。ついで、「人格の神々」が人体に宿って、人間段階を通過した。この存在が熱惑星の表面を自らの魂で照らした。熱惑星の内部は暗く、最後に、いくらか光り輝いた。そのあと、すべてが宇宙の眠りに入っていく。

空気惑星期

宇宙の眠りのあと、熱惑星が新しい形態のなかに出現した。空気惑星である。空気惑星は光エーテルから成り立っていた。空気惑星は、最初に熱惑星状態を短く繰り返した。それから、人間の進化が始まった。空気惑星期の中期に、熱惑星の熱は空気へと凝縮した。空気惑星は熱を保ち、空気を発展させた。光が生まれ、空気惑星は輝き・響き・香りを発した。空気惑星は周囲から注がれる光・味・匂い・熱を、自分のなかに浸透させてから反射した。空気惑星は壮麗に輝き、荘厳な響きを発し、高貴な香りを放っていた。

空気惑星で「叡智の神々」が自らの実質を注ぎ出し、人間に生命を流し込んだ。空気惑星期には、人間は眠りの意識状態にあった。今日、植物がこの意識を有している。人間は今日の植物の段階に達したのである。人間の生命は空気惑星上にあったが、心は空気惑星の大気圏にあり、魂は空気惑星の巨大な心のなかに組み込まれていた。

生命が組み入れられたことによって、人間の体も変化した。生命が体に浸透し、体に働きかけた。人体は生命を得たことによって、腺・成長器官・生殖器官・栄養摂取器官を形成していった。分泌器官・消化器官が加わった。成長器官・生殖器官は、生命に把握されて変化した感覚器官だ。

空気惑星上の人間は頭を惑星の中心に向けていた。体は、いまや振動する熱の卵であり、輝いたり消えたりする。

熱が空気惑星を取り囲んでいた。熱が濃密化したものが空気惑星を形成し、濃密化しなかった部分は火の海になった。空気惑星で人間段階に立っていたのは、この火を呼吸する「炎の神々」だった。「炎の神々」は人体に宿って、個我意識を得た。人間は殻のような形態を分離し、精妙な素材を自分の内にとどめて進化した。人間は自分から鉱物を放出したのである。

各々の惑星期に、進化から取り残される神々がいる。空気惑星でも、熱惑星の段階にとどまった存在がいた。熱惑星期に人間段階・個我意識に達しなかった「人格の神々」がいたのである。この神々は空気惑星期に遅れを取り戻さなければならない。この神々は空気惑星で、生命に浸透されていない体にのみ宿れた。だから空気惑星に、もう一度、体のみからなるものが発生しなくてはならなかった。それが今日の動物の祖先だ。空気惑星は、宇宙に光を放つ部分と、光を発しない部分に分かれる。空気惑星のなかにあった熱惑星の名残りの痕跡が、今日の太陽の黒点だ。

水惑星期

空気惑星は宇宙の夜のなかに消え去り、水惑星として再び現われる。水惑星はまず熱状態・空気状態を繰り返し、人間の体と生命が形成された。それから、水が付加された。太陽が熱と光を伴って、水惑星から出ていく。高次の存在も、水惑星から出ていく。水惑星から分離した太陽は、最良の素材と存在を引き出したことによって恒星になった。水惑星は太陽のまわりを回るようになった。太陽のまわりを一周するあいだに、一回自転した。水惑星は音に浸透され、規則正しい動きをもたらされた。形態とリズムを体験することによって成熟した体は心を受け取った。「動きの神々」が自らの実質から、人間に心を流し出したのだ。人間は水惑星で心を得た結果、形象意識を獲得した。水惑星期に、人間は形象意識を有したのである。形象・色彩像が人間のまえに漂っていた。今日では、内面から声を発することのできない動物が、この意識を有している。心が体に働きかけることによって、神経組織の萌芽が生じた。人間は動物段階に達した。

水惑星は植物鉱物のような存在だった。植物的な性格を持った鉱物、鉱物的な性格を持った植物が水惑星の固体・液体状の土壌を形成した。水惑星上の植物界は感覚を有していた。水惑星は動的・生命的であり、その上に生きる存在たちは、自分を寄生動物のように感じていた。人間は火の霧を呼吸していた。人体は縄のようなもので大気圏とつながっており、火の空気から血液が体のなかに入ってきた。血液が付与されることによって、人間は心的な体験を音声で表現できるようになった。血液を人体に流し込んだのは集団の神霊存在、今日でいう民族神である。

水惑星の大気圏のなかに人間の魂があり、霊的な実質のなかに埋まって、体に働きかけていた。

水惑星期に、人間は外的な事物を知覚しなかった。人間が知覚したのは、生命を有した夢のイメージのようなものだった。このイメージは外界と関連しており、人間はそれらのイメージに導かれた。心は体と生命を遥かに越えて聳えていた。

水惑星上には、心を受け取らずにとどまった存在や、熱惑星状態にとどまった存在もいた。水惑星期に人間段階を通過したのは「薄明の神々」だった。

空気惑星期の段階に取り残された「炎の神々」は、体と生命しか持たないものを作った。それが今日の動物の祖先だ。水惑星期に体しか有していなかった存在たちは今日の植物の祖先である。

水惑星期に、人間は内的な熱をまだ有していなかった。人間は周囲にある熱を受け取り、その熱をふたたび流し出していた。

やがて、太陽と水惑星はふたたび合体する。太陽と合体した水惑星が宇宙の夜のなかに沈んでいく。

ポラール時代・ヒュペルボレアス時代

水惑星は宇宙の夜のなかに消え去り、宇宙の夜から地球が出現する。地球は自らの内に太陽と月を含んでいた。このころの地球はエーテル状で、今日の土星の軌道ほどに大きかった。霊的な大気が地球を包んでいた。人間の心はこの大気のなかにあった。この霊的な実質のなかに人間の心が存在し、エーテル球のなかには殻のような形の人体の萌芽があった。霊的な大気から触手が伸びて、殻を包み、人間の姿形を作っていった。それは響きを発する人間形姿だった。

月と地球を内包した太陽がふたたび輝いたとき、太陽の周囲にいた存在たちが人間の心を形成した。魂が心と生命に植え込まれた。この魂は体と調和しなかった。魂が体と調和できるように、熱惑星状態・空気惑星状態・水惑星状態が繰り返された。この繰り返しを通して、体は魂を受け入れるのにふさわしいものにされた。

それから、地球は太陽と水惑星が結合した状態で出現する。火星が地球を通過して、地球は鉄分を得た。今度は、水星が地球を通過することになる。

太陽と月と地球がまだ一体であったのがポラール時代、太陽が地球から出ていったのがヒュペルボレアス時代である。地球は太陽に照らされ、人体に目ができた。人間形姿は上方の太陽に向かって開いた鐘の形をしており、心的な覆いから伸びる触手によって生殖が行なわれた。ヒュペルボレアス時代の人間は、子どもを生むと、すぐに自分の心が子どもの体のなかに入っていったために、死を経験しなかった。意識の中断はなく、衣装を変えるようなものだった。

レムリア時代

太陽が分離したあと、地球にとって重苦しい時代が始まった。地球はまだ月と結び付いていた。生命を阻止する力はおもに月のなかに働く力に属している。この力が当時、地球のなかで強力に作用していた。最も強い心だけが御しがたい体に打ち勝ち、地上に生きた。レムリア時代である。

レムリア大陸の気温は非常に高く、地球全体が火のような液体のような状態で、火の海があった。地球は火の霧に包まれていた。火の霧が沈殿していき、地球はいまや希薄な覆いを有し、泡立つ火の海があった。そこに小さな島が現われてきた。鉱物界の萌芽だ。地球全体に火山活動が見られた。人体を形成していた物質は、まだ柔らかく、ゼリーのようだった。人間には浮袋があり、背骨が組み込まれていった。やがて水が引き、陸と海が分かれた。空気が現われ、浮袋が肺になった。鰓は聴覚器官になった。人体は両棲類・爬虫類の段階にあった。

地球で人間に魂を注ぎ込んだのは「形の神々」だ。月が分離したレムリア時代中期に、魂が人間のなかに入ってきた。海と陸が分かれ、人間が空気を吸ったことによって、魂が人間のなかに入ってきたのである。

月が分離していくにしたがって、人体の改善が行なわれた。しだいに骨が形成されていった。漂うように動いていた人間は、徐々に直立していった。魚・鳥のような姿だったレムリア人は直立するようになった。直立すると、脊髄が脳に拡張した。

人間は男女に分かれた。男の体は太陽から、生命は月から影響を受けた。女の体は月から、生命は太陽から影響を受けた。女には子孫を同じ容姿に生み出す傾向があり、男には個体化を要求する傾向があった。

太陽と月が地球から分離したあと、人間は不死ではなくなった。人間の意識は生まれる前と死んだ後に暗くなり、人間は死から再誕までのあいだ、霊界と天国に滞在するようになった。

水惑星期に進化を遂げられなかった神々が半神としてレムリア大陸に生きていた。この半神たちは、情熱・衝動の場である人間の温血のなかに宿った。これらの半神＝ルシファーが血液に宿ったことによって、人間は叡智・理想への情熱を持った。

ルシファーは人間を神々の予定よりも早く物質界に引きずりおろした。ルシファーが人間の心に働きかけたことによって、神々のみが働きかけていたら受け取っていなかったはずの衝動・欲望・情熱が人間に植え付けられた。人間は神々から離反する可能性、悪を行なう可能性、そして自由の可能性を得た。

自然法則と人間の意志は分離していなかった。人間の邪悪な情欲は自然に働きかけ、火の力を燃え立たせた。多くの人々がルシファーの影響を受けて悪へと傾いたことによって、レムリア大陸に火の力が燃え上がった。激しい人間の意志・情欲は火の塊を荒れ狂わせ、地表を引き裂いた。レムリア大陸は荒れ狂う火によって崩壊した。

アトランティス時代

助かった人々は西に向かい、アトランティス大陸に行った。アトランティス大陸はヨーロッパ・アフリカ・アメリカのあいだにあった。霧に包まれ、太陽も月も大きな虹に包まれていた。

アトランティス大陸の人々の生命オーラの頭の部分は体の頭の部分をはるかに越え出ていた。アトランティス時代前半には、人体はまだ柔らかく、心の意のままになった。手足を切り落とされても、作り直すことができた。人々は漠然とした透視力を有しており、神々と交流していた。体の頭と生命オーラの頭が結び付いていなかったために、彼らは計算・論理的思考ができなかった。その代わりに、記憶力が発達していた。彼らは先祖が体験したことを明瞭に記憶しており、自分を先祖に属するものと感じていた。人々は他民族に対して強い反感を持っていた。アトランティス大陸の人間のうち、感覚的であった者は巨人の姿になった。精神的な人間は小さな姿になった。アトランティス時代に、言語が発達した。人々は自然の言語を理解する能力を持っていた。アトランティス大陸の人々は、自分が吸う空気のなかに神の体を感じた。彼らは魔術的な力を有し、植物の生長に対して支配力をふるった。住居は自然の岩や樹木から作られていた。

進化から逸脱した霊的存在アーリマンがアトランティス時代中期から物質のなかに混ざり込んだ。物質は煙に浸透されたように濁り、人間はもはや神を見ることができなくなった。アーリマンは人間の魂を濁らせ、天界を人間の目から隠す。

人間の内面・心を惑わせようとするルシファーと、外から人間に向かってきて外界を幻影つまり物質として人間に現われさせるアーリマンがいるのだ。ルシファーは内面で活動する霊であり、アーリマンはヴェールのように物質を精神的なものの上に広げて、天界の認識を不可能にする。

アトランティス時代後期に、生命オーラの頭と体の頭が一致することによって、自己意識が発生した。論理的思考と自己意識は、アイルランドあたりに住んでいた人々において発生した。計算・判断・概念・知性が発達すると、透視力はなくなっていく。

アトランティス時代の終わりには、二種類の人間がいた。第一に、アトランティス文化の高みに立っていた透視者である。彼らは魔術的な力をとおして活動し、天界を見ることができた。第二に、透視力を失い、知性・判断力を準備した人々がいた。彼らは計算・概念・論理的思考の萌芽を有していた。

アトランティス人は意志によって種子の力、空気と水の力を支配できた。アトランティス人の意志が邪悪なものになり、心の力を利己的な目標に使うようになったとき、彼らは水と空気の力も解き放った。こうして、アトランティス大陸は洪水で没した。

アトランティス大陸には秘儀の場があり、そこでアトランティスの叡智が育成された。さまざまな惑星から下ってきた人間の心にしたがって、七つの神託が設けられた。太陽神託の秘儀参入者は魔術的な力をもはや有していない素朴な人々を集めた。そのような人々が、アトランティス大陸の沈没から救出され、新しい時代を築いていく。人々は秘儀参入者に導かれて、アイルランドのあたりからヨーロッパを通ってアジアに移動し、ゴビに定住した。

アトランティス後の文化

アトランティス時代後の最初の文化は太古のインド文化（蟹座時代の文化）だ。アトランティス大陸を沈めた洪水から逃れ、太古のインドに集まった人々は、天界への憧れを持っていた。そこに、太陽神託の秘儀参入者は七人の聖仙を遣わした。太古のインド人は「外的な自然は本当の自然ではない。自然の背後に、神が隠れている。地上は幻である。私たちが下ってきた天界のみが真実である」と思った。自然の背後に隠れている神を、彼らは「梵《ブラフマン》」と呼んだ。「神は外界に姿を現わしていない。人間は内面に沈潜して、自分の心のなかに神を探求しなくてはならない」と、彼らは思った。彼らは夢のような状態を保ち、力強い表象のなかに梵の世界が現われてきた。

そのつぎの双子座時代であるペルシア文化期に、外界は神性の模像であり、外界を改造しなくてはならないという考えが現われた。自分が沈潜する神の世界と、自分が働きかけるべき現実世界がある、と確信したのである。地球は人間に対立する要素として、太古のペルシア人に立ち向かっていた。彼らは地上を克服しなくてはならなかった。「神の世界のなかに、私は外界を改造するための理念を見出す」と、彼らは思った。彼らは、二つの世界の戦いのなかに置かれたと思った。光明の神アフラ・マズダの世界と暗黒の神アーリマンの世界がある、という考えが形成されていった。彼らは外界のなかに法則を見出すことができず、外界は理解できないものとして対峙していた。

エジプト文化期(牡牛座時代)に、天空の星々に神的な叡智が込められているのを人間は見出した。人間はまなざしを上空に向け、星々の法則を究明しようとした。星の動きを観察し、星の運行と影響を理解できる学問を作り出した。偉大な叡智が自然の経過を支配しており、すべてはこの法則に従って生起しているということが明らかになった。

ギリシア・ローマ文化期（牡羊座時代）に、人間は完全に物質界に下った。そして、外界に自分の魂を刻印した。

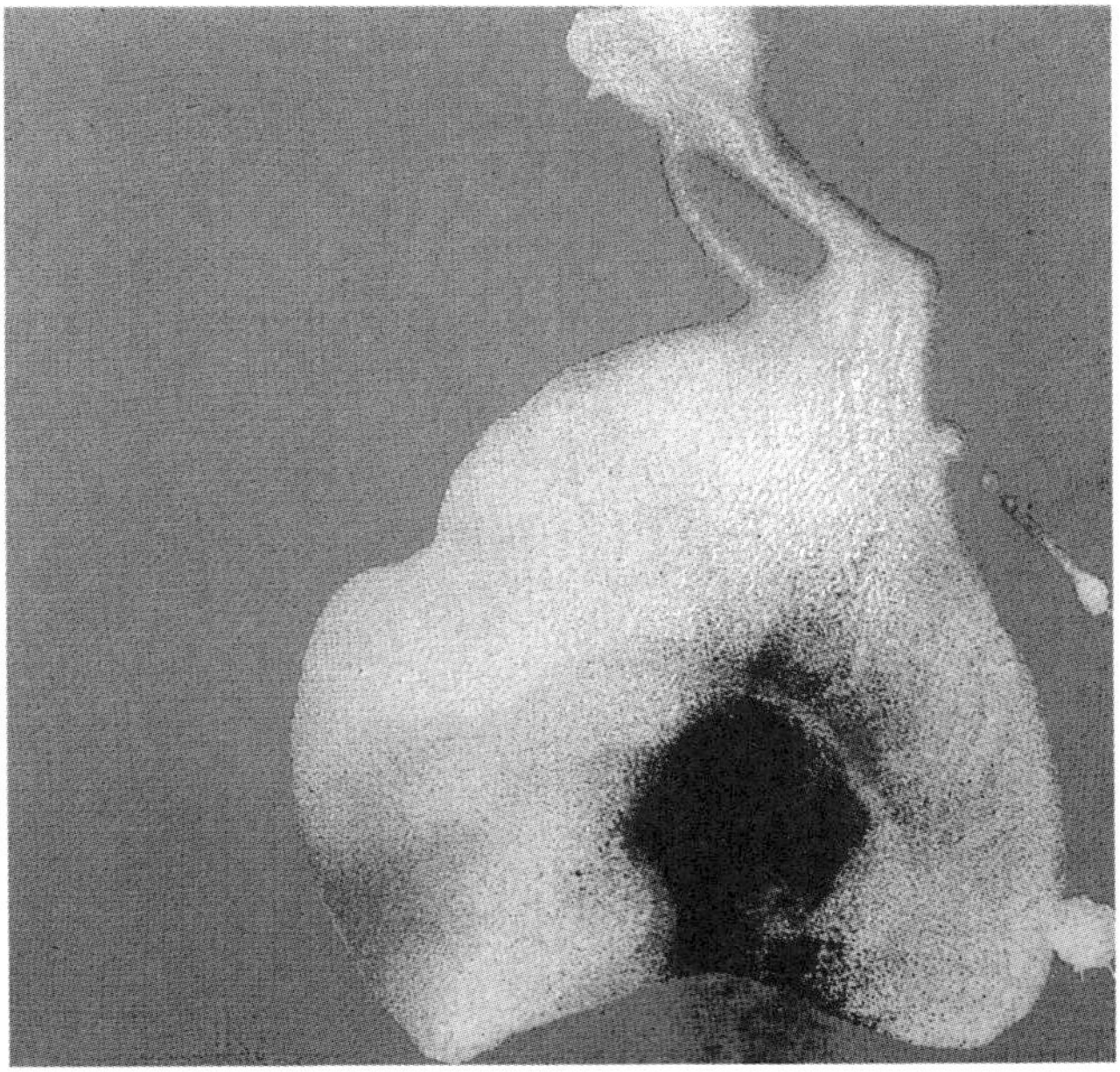

〈著者略歴〉
西川隆範（にしかわ・りゅうはん）
1953 年、京都に生れる。青山学院大学仏文科卒業。大正大学大学院（宗教学）修士課程終了。奈良西大寺で得度、高野山宝寿院で伝法潅頂。ゲーテアヌム精神科学自由大学（スイス）、キリスト者共同体神学校（ドイツ）に学ぶ。シュタイナー幼稚園教員養成所（スイス）講師、シュタイナー・カレッジ（アメリカ）客員講師を経て、多摩美術大学非常勤講師。
http://idebut.org/school/?id = nishikawa@idebut.org

〈挿絵画家略歴〉
横尾龍彦（よこお・たつひこ）
1928 年、福岡に生れる。東京藝術大学日本画科卒業、その後、神学校に学ぶ。パリ、ローマでロマネスク、ゴシックの美術を研究。1978 年にルドルフ・シュタイナー研究会のセミナーに参加。日本とドイツにアトリエを開設。個展、グループ展に宗教画を含めて数多くの作品を出典。

シュタイナー心経《しんぎょう》
Essential Steiner
西川隆範著

2008 年 9 月 1 日　　第 1 刷　発行

挿絵…………横尾龍彦
装幀…………北村武士

発行…………風濤社
発行者………高橋栄
東京都文京区本郷 2-3-3　113-0033
TEL : 03(3813)3421
FAX : 03(3813)3422
HP http://futohsha.co.jp
印刷…………吉原印刷
製本…………積信堂

落丁・乱丁はお取り替え致します。